AF295094

Jan-Åke Karlsson

Strävan
Från armod till folkhem, mitt i Småland

© 2024 Jan-Åke Karlsson
Omslag: Egna foton och vykort Almquist & Göster.
Förlag: BoD · Books on Demand, Stockholm, Sverige
Tryck: Libri Plureos GmbH, Hamburg, Tyskland
ISBN: 978-91-8080-726-5

Förord, född Uggla, undersåtar å bara ett m

Strävan är min berättelse om människor och livet i Lammhultstrakten under hundra år, mitt i Småland. Boken, du håller i din hand består av tre delar: Armodet, industrisamhället och folkhemmet. En salig blandning av roman, fantasy, historia, fakta, dikter, schlagers och biografi.

Synonymer till strävan; träget arbete, ansträngning, bemödande, kämpande, ambition och vilja.

Äldsta kända dokument, där Lam(m)hult omnämns lär vara från början av 1400-talet, ett intyg om arvsfördelning efter riddare Bielke.

Vi flyttar oss till år 1863 och Lammhult stavas då med ett m; Lamhult. Säteriet eller Herrgården bebos av änkefru Majorskan Gyllenswärd, född Uggla tillsammans med mamsell, pigor, drängar, tjänstefolk, trädgårdsmästare och rättare. Säteriet eller Herrgården lär ha anor från 1570-talet då riksrådet Oxenstierna överlät gården till Kronan. Från slutet av 1700-talet ägs Herrgården av släkten Gyllenswärd. Under säteriet och gårdarna Grevaryd, Stenbro och Holmsryd lyder torp, backstugor och avstyckade arrendegårdar: Hamburg, Hamburgs kvarn, Amsterdam, Långsholm, Ljungsdal, Liljekullen, Alebäck, Sköndal, Grönagång, Möre, Näset, Björkeryd, Lybeck, Altona, Linnehov, Udden, Lilla Högafälle, Långsholm, Pyttet/Lilla Björkeryd, Oxliden, Sanders, Södratorp, Soldattorp N:o 65, Corpral Stein.

Bäcken mellan sjöarna Lynnen, Lygnen och Kalfen, Kalven rinner sakta genom Lamhult, utgör gräns mellan Kronobergs och Jönköpings län. En fjärdings mil nordväst Lamhults Säteri bor Kapten Gyllensvärd på Ljungsberg med underliggande torpet Nyborg och backstugan Adams. Befolkning inom området vid denna tid kan uppskattas till drygt 150 personer enligt Husförhörslängder från Aneboda och Hjälmseryds församlingar.

Genom Lamhult löper Kungsvägen mellan Jönköping och Wexiö, i närheten ligger två gästgivargårdar Bo och Matkull.

Avståndet mellan gästgiverierna är lagstadgade en och enfjärdings mil. Gästgiverierna håller skjutsväsendets resande med logi och kost enligt Kungliga Gästgivareordningar. Kungar lär ha passerat Lamhult på Eriksgator och mötts av lövade äreportar, svenska fanor och jublande undersåtar. På väg söderut har fälttåg med krigarkungar, soldater, ryttare, vagnar med mat och krut passerat Lamhult. Vid gästgivargården i Bo och i Moheda hålls årligen marknader med kreaturshandel, frieri, fylla och slagsmål.

Greve Adolf Eugéne von Rosen får Kungens uppdrag att redovisa förslag till Södra och Västra stambanan. Förslag till stäckning av Södra stambanan via Wexiö och Kristianstad till Malmö lämnas av von Rosen till ståndsriksdagen. Adelsståndet i riksdagen kräver mindre kostsamt alternativ genom norra Småland, reviderat förslag blir väster om Växjö genom "obebodda trakter och mer lättbyggda marker via Lamhult och Alvesta." Det sägs att Wexiöborna inte ville ha ånglok som spyr eld och gnistor över staden, som brunnit ner till stora delar år 1843, åttio gårdar i staden blev då lågornas rov och tusen personer blev hemlösa.

Riksdagen beslutar år 1854 att Södra stambanan, Malmö - Nässjö - Falköping via Lamhult ska byggas och stå färdig för trafik år 1864. Översten vid Flottans Mekaniska Corp Nils Ericson får år 1855 uppdrag av Kung Oscar I att svara för högsta ledningen vid stambanornas byggande. Carl Beier och Carl Norström, båda tillhörande Kungliga Väg- och vattenbyggnadskåren ska biträda Nils Ericson vid arbetet. Carl Beier har tidigare arbetat med järnvägsbygge i S:t Petersburg. Närmaste regemente ska under blidaste årstiden nyttas till arbetskraft och då det finns fängelse i närheten ska fångar användas som arbetskraft på Fångvårdsstyrelsens villkor.

Sveriges befolkning år 1863 uppgår till knappa fyra miljoner, nio av tio bor på landsbygden, Karl XV är kung i Förenade konungarikena Sverige och Norge, i union sedan år 1814. Några lokala händelser i Lamhultstrakten år 1862 - 1863, smått som stort:

På stora landsvägen mellan Matkulls och Starhults gästgivaregårdar är en nattsäck borttappad med kläder och andra effekter, upphittaren torde avlämna säcken till Herr Fanjunkare Kjellson på Lamhult. Upphittaren erhåller nöjaktig vedergällning. *Nya Wexjöbladet.*

Styrelsen för Statens Järnvägsbyggnader lägger förslag om stationer å järnvägslinjen mellan Alvesta och Jönköping på Södra stambanan, nämligen vid Moheda, i närheten av allmänna landsvägen mellan Öhr och Slätthög. Vid Lamhult i närheten av landsvägen mellan Matkulls och Bos gästgivaregårdar. Vid Stockaryd, i närheten av landsvägen mellan Slagetorp och Wrigsta och Hvetlanda. *Aftonbladet.*

Några händelser i Sverige år 1863, smått som stort:

Socknarna avskaffas och blir 2 500 primärkommuner. - En stor fest, med 200 personer till bordet, hålls för ryske anarkisten Michail Bakunin med maka Antonia i Stockholm på Hotel Phoenix, där bland andra August Blanche hyllningstalar, deklamerar dikter och utbringar skålar. - Halva Varberg brinner ner, 1 200 människor blir hemlösa. - Efter att lagen om att ogifta kvinnor som fyllt 25 år kan ansöka i domstol för att bli myndiga som infördes år 1858, har domstolarna blivit överhopade av ärenden eftersom oväntat många kvinnor önskar utnyttja möjligheten. Lagen ändras, ansökan till domstol behövs inte längre, ogifta kvinnor blir från och med nu automatiskt myndiga när de fyllt 25 år. Regeln om att de åter blir omyndiga om de gifter sig kvarstår dock och för män kvarstår myndighetsåldern 21 år, sedan år 1721. - Försök görs till beläggning med asfalt på Drottninggatans och Regeringsgatans trottoarer i Stockholm. - Den svenska folkopinionen visar att den sympatiserar med Polen i dess frihetskamp mot Ryssland.

Sommar i hembygden
av Helga Lindberg

Här drömmer min bygd om sin skog och sjö
där trollsländor svirra och leka.
Här doftar vinden av häggblommors snö
och nattviolens stänglar veka.

Se, åkrarnas gungande vågar stå
i hägnad av gråstensgärden.
En gång voro tegarna ynkligt små,
men växte kring odlarhärden.

Och junimorgnarnas svala dagg
har spår utav kvinnofötter
som aldrig väjt för en tisteltagg
bland madslåtterns ris och rötter.

Ur skåpsängens dunkel ditt släkte gick
att börja sin arbetsdags möda
förrn orrspel hördes och skogen fick
ett skimmer av solens röda.

Från friska sköten och modersbröst
kom nya släktled att taga
emot det jordearv, som livets höst
ur trötta händer måst draga.

... ...

Med tunga vingslag går tidens flykt
kring bygd och minnen, de kära.
En ton, en sägen ur glömskan ryckt
som altareld må du nära.

Björkeryd, Pyttet, gensträfvig å anno 1863

Torpet Björkeryd, under Lamhult har bebotts sedan senare delen av 1700-talet. Namnet Björkeryd lär betyda röjd plats bland björkar. Första kända torpare är Bengt, född år 1751 enligt Aneboda Husförhörslängd. Torpet ligger på en diffus ås mellan sjöarna Lamen (Lammen) och Frejen (Fräjen), avstånd till Lamhult en fjärdingsmil och till kyrkan i Aneboda trefjärdings mil.

År 1863 bor åtta personer på torpet, 48-årige torparen Daniel Andersson född i Aneboda socken med hustru Erika Carlsdotter från Asa och är året äldre än Daniel. Sex barn: Johanna 17 år, Bengt 15 år, Lisa13 år, Clara 11 år, Erik 8 år och Oskar 6 år. Erika tog med sig Johanna då hon gifte sig med Daniel, på bygden kallas Erika hora och dottern horunge. Erika satt på skampallen utanför Asa kyrka och skämdes för sitt ogudaktiga liv. Även sockenborna känns inte vid horor och horungar, slänger glåpord efter dem och tar långa omvägar då de möts.

Under kolumn "Koppor" i Husförhörslängden är alla åtta på torpet Björkeryd vaccinerade mot smittkoppor. År 1816 utfärdar Kungen med stöd av Rikes Ständer; adel, präster, borgare å bönder reglemente om vaccination.

"1 § Det åligger alla föräldrar att låta vaccinera sina barn före 2 års ålder. Gäller även äldre barn och personer som inte haft naturliga eller ympade koppor.

2 § Varje socken skall ha en vaccinatör och en eller två vaccinationsföreståndare, vilka jämte kyrkoherden ser till att barnen blir vaccinerade."

Äldsta pojken Bengt står svettdrypande bakom huggkubben vid fähuset och klyver ved. Björkdoftande, en styv fot långa vedträn slängs på högen, snart ett par alnar över marken. Han rätar stelt på ryggen, torkar pannan med vänster skjortärm och ser sin far sakta komma gående på stigen. Torpare Daniel går lätt framåtböjd, tittar frånvarande i marken som om han vore på väg till högmässan i

Aneboda kyrka. Vid soluppgång går han alla dagar, förutom söckendag till dagsverket på Lamhults Herrgård, morgontrött och nerstämd som om han var kallad till Tjureda tingsplats, åtalad för stöld av en hel riksdaler. Daniel lyfter huvudet, sätter handen bakom vänster öra, hör sonens gälla svordomar.

Knäveln ... böveln åssså ... satans illbattia björkeve som inte bler klyvder.

Pojkalymmel står du å hädar din Allsmäktige Gud. Hädar du pöjkaslyngel Gud en gång te ... då ... du vet vad prosten har sagt te oss på husförhöret ... å vilken skam ... å du blir inte konfirmerad i Anebo körka ... å du ska te å göra dagsverken när jag inte tyar mer ... tänk på din mor å syskon. Du ska veta att jag som myndig husbonde har rätt att aga dig med ett par rapp ... nu låter jag det bero ... hade du hädat på högmässodagen då var jag tvungen å varsko prosten om ditt otyg ... å att jag gett aga med flera rapp med enris över din bleka ändalykt.

Torpen under Lamhult är snarlikt byggda; Ett plan, plankgolv, öppen vedspis i stugan, kammare och farstu. Grovtimrade ytterväggar tätade med mossa. Utsidan på Björkeryd, som flesta torpen i trakten täckta med vitt kalkbruk. Torvtak lagd över björknäver, tre små fönster eller gluggar och en rejäl dörr, reglas då torpet står tomt. Strykare går på trakten, smyger fram till folktomma och olåsta torp för att stjäla mat, kläder och kanske en undangömd penning.

Tio minuters gångväg sydöst om Björkeryd ligger torpet Lilla Björkeryd eller Pyttet. Torpet är gammalt, dragigt, jordgolv och regnvattnet droppar från taket. Här bor trettiofemårige inhysehjonet Sven Peter Eriksson med hustru och tre barn mellan ett och tre år. Sven Peter kan inte arbeta eftersom han lär ha ramlat och brutit ryggen, även förståndet lär vara klent. Han får livets nödvändigheter från rotebönderna, kallas rotegång eftersom församlingen beslutat att inte bygga fattigstuga för ålderssvaga, sjuka, arbetsoförmögna och barn. Det blir för dyrt med fattigstuga, billigare om bönderna turas om att ge mat och annat som behövs för livets nödtorft.

Barn utan föräldrar kan auktioneras ut på kyrkbacken och bonde med lägst bud får barnet till sin gård. Särskilt pojkar äldre än tio år är eftertraktade, de kan arbeta som drängar. Flickor är inte lika eftertraktade, finns inte någon hugad spekulant beslutas om rotegång, en eller två veckor med mat på en gård, sedan vidare tills nästa och så fortsätter det. Bondhustrun har ofta medfödd moderskänsla och sticker i smyg till flickstackarna lite extra mat utom synhåll för bonden som ser flickan som ett påhäng, ser fram mot dagen då flickan ska gå till nästa gård i roten.

Under senare delen av 1600-talet instiftas en första allmän legostadga. Stadgan delar in allmogen på landet i husbönder och tjänstetagande och stadgade att de förra skulle erbjuda de senare laga försvar, d.v.s. årstjänst. Att tjäna piga eller dräng har viss social status, tjänsten betraktas som ett sätt för unga att träffa en partner att gifta sig med, samtidigt lär de sig sysslor, behövliga för eget framtida hushåll. Legostadgan revideras flera gånger och år 1723 förbjuds pigor och drängar att ta emot eller begära högre lön än ett visst belopp. Legostadgan reglerade även tjänstetvånget fram till år 1885. Det innebar att varje arbetsför person är skyldig att arbeta för sin försörjning om han inte kan försörja sig på annat sätt. Rätten att aga den anställde inskränks med 1833 års legostadga till att omfatta pojkar under 18 år och flickor under 16 år. Kungl. maj:ts nådiga legostadga för husbönder och tjänstehjon; Stockholms slott den 23 november 1833:

10 § Tjenstehjon skall i sitt förhållande vara gudfruktigt, troget, flitigt, lydigt, nyktert och sedligt samt icke undandraga sig det arbete och de sysslor husbonde skäligen föresätter. Är tjenstehjon försumligt, gensträfvigt eller oordentligt och låter det sig ej rättas, eller visar det sig otroget, okunnigt eller eljest odugligt, i tjensten, må det derifrån skiljas, efter ty i 5 § sägs, med förlust af hela lönen, samt erhålle sådant betyg det förtjenar; ersätte ock husbondens skada, der han talan derom vid domstol utförer.

Selfie, Operator Digital Excavator å 3D-printer

Artonårige Bengt stannar upp, tittar oroligt, ängsligt bakåt mot Björkeryd. Tar en selfie, med Björkeryd som bakgrund. Åker vidare med sin nyladdade elsparkcykel mot Lamhult.

Gjorde jag rätt ... kanske känts bättre om jag hjälpt min far, han är gammal, 47 år och orkar inte med sitt arbete som Chief Information Officer på Lamhult Milkindustry ... känns tungt å lämna Björkeryd, min gamle far Daniel, mor och syskon ... nej ... jag är vuxen nu och måste tänka på min egen karriär och ett bra CV ... lovat mina föräldrar att komma back to Björkeryd och swisha pengar när jag fått första månadslönen från High Tec Construction AB, HTCAB.

Bengt åker förbi gårdarna i Grevaryd, uppe på backkrönet skymtar Herrgården, ett stort ljusmålat hus ... som det anstår nyrikt it-folk ... vilken big gigantisk mjölkindustri säkert flera hundra kor ... fett ... big as a fotbollarena. Möter skolkamraten Gustaf som märker att Bengt verkar vilsen.

Varför är du här ... från Björkeryd. Bengt ler gör två high five:

Vet du var Site Manager Erika Svensson, HTCAB är? Gustav pekar mot väster:

Där nere är construction siten och Erika har vit hjälm och gul jacka ... ser du henne?

Yes. Bengt leder elsparkcykeln ner för backen, ställer den på laddning vid en av kontorsbarackerna. Borstar av jeansen och stryker håret bakåt, tar en selfi och känner sig nöjd ... coolt.

Bengt går fram till Erika Svensson, bugar:

Mitt namn är Bengt Andersson ... bor utanför Lamhult på Björkeryd ... har läst på Facebook att HTCAB söker arbetare till järnvägsbygget förbi Lamhult. Platschefen Erika räcker upp handen till ett high five, samtidigt frenetiskt viftande med andra handen.

So nice ... att du läst på nätet att vi need operators to our digital excavators ... förare till våra digitala grävmaskiner ... låter det intressant?

Yes ... nice ... coolt.

Vi går in på kontoret ... signar ett anställningskontrakt ... du får arbetskläder och en genomgång hur vi på HTCAB arbetar hållbart och cirkulärt. Erika visar vägen till kontoret, innanför dörren ställs skorna och byts till mjuka, varma och tysta besökstofflor.

Erika visar ett Power Point-bildspel, ish femtio bilder med tidplan, plankartor och profiler. Bengt tycks undra och imponeras.

Har du arbetat med att bygga järnväg tidigare? ... CV?

Nej ... detta är mitt första arbete ... och jag har inget CV ... jag har hjälp min far Daniel, CIO på Lamhult Milkindustry ... har alltid varit intresserad av datorer och it ... hemma i Björkeryd har jag en 3D-printer och skriver ut verktyg till min mor, hon arbetar hemma men cirkulär odling ... och så har gjort en Pod till henne. Jag lägger in bilder som jag tagit på grönsaker och rotfrukter och varje vecka videos när mor pratar om sin odling, ger tips och råd till andra odlare. ... ish tio tusen följare. Erika tycks lyssna intresserat på Bengts berättelse.

Det är sådana som dej vi behöver på HTCAB ... jag skriver direkt ett anställningskontrakt som noga läser igenom ... och om du är nöjd scannar du QR-koden på kontraktet och godkänner med Bank-ID.

Det är okey ... nice. Erika fortsätter viftande med händerna och sina svartlackerade långa naglar.

Då berättar jag mer om arbetet. Som operator på en digital excavator ... grävmaskin övervakar du maskinen så det blir korrekt arbete. Maskinen har projekteringsdata, position för fridlysta växter och insekter. För större noggrannhet i höjd, 5 mm har HTCAB monterat upp två lokala GPS-stationer. Maskinen har ingen förarhytt bara ett datorrum, du står bredvid maskinen när det är uppehållsväder och övervakar. Du måste stanna maskinen när du uppdaterar maskinens programvara, rengör alla fjorton kameralinser och strålkastare, när linserna inte är rena stannar maskinen automatiskt. Maskinen skickar meddelande till dej också när bränsle måste fyllas på i tanken. Du kan sitta på vårt platskontor eller arbeta från bostadsbaracken där alla som arbetar här är inkvarterade. I baracken får du rejäl frukost, middag och kvällsmat. Om du blir sjuk får du vård av vår läkare. Excavatorn arbetar dygnet runt och du kan få larm.

Staten är beställare av HTCAB:s arbete här, one Representative for the Client, RFC och six Controllers på siten. Han heter Johan Kulander och är Kapten vid väg- och vattenbyggnadskåren … om du möter honom ska du buga, tala om vad du heter och din arbetsuppgift. … RFC Kulander, my name is Bengt Andersson and I am Operator Digital Excavator, ODE. På arbetsplatsen är arbetsspråket engelska … do You understand?

Yes!

Every Friday we have a mandatory Zoom meeting and mandatory attendance for everyone who is employed here. Two hours from ten to twelve. Thursday afternoons I will send the link to the meeting. We go through the timetable, quality plan, economy, gender equality plan, circular construction, update the Podcast ... Now I was forgetting about the work environment ... and weekly information and our new Chief Executive Officer ... CEO ... Johanna Bengtsson introduces herself.

Straffångar, 4,83 decimalfot, stenrävar å Rääf

Överste Nils Ericson får år 1855 instruktion av kung Oscar I om ansvaret för ledning och administration av Västra och Södra stambanan. Bygget av Södra stambanan norrut påbörjas från Malmö och blir klar för tågtrafik till Lamhult 1:a juni år 1864, 1:a oktober samma år är Södra stambanan klar för trafik norrut från Lamhult och färdigbyggd från Malmö till Falköping, resande till Stockholm och Göteborg byter då tåg i Falköping fortsätter sen sin resa på Västra stambanan till Stockholm eller Göteborg.

Arbetet utförs manuellt, mestadels soldater och lokalt anlitat manskap. Svårt att rekrytera lokal arbetskraft och frågan om möjlighet att använda straffångar prövas. Arbetet leds av militär som även projekterar och planerar arbetena. Spårvidd är 4,83 decimalfot, 1 435 mm, (samma spårvidd som idag, år 2024).

Arbetsstationer etableras var tionde till tjugonde mil där järnvägsstationer ska byggas, Lamhult är en arbetsstation. Johan Insulander, är befordrad till stationsingenjör i Lamhult, han är Kapten vid väg- och vattenbyggnadskåren. I Lamhult förläggs militär och övrig arbetskraft, utspisning och sjukvård samt materialdepåer.

Stationerna byggs efter standardritningar, både för stora och små stationer. Lamhult klassas som liten station: Stationshuset i Lamhult byggs enligt Habomodell. Tre järnvägsspår på stationsområdet: Spår 1 närmast stationshus och perrong, spår 2 för mötande tåg och spår 3 vid godsmagasinen. Även 24 kvm stora banvaktsstugor, stationspark, pumpstation, godsmagasin byggs efter standardritningar. Södra stambanan byggs enkelspårig och möte mellan tåg är endast möjligt vid stationer på spår 2. Eftersom tågen saknar avträden ska stationer ha kapacitet för många nödiga resanden vid korta uppehåll.

Indelta soldater, flest från Kronobergs regemente på Kronobershed är kommenderade till järnvägsbygget. Arbetsdagarna är långa, 11–15 timmar från soluppgång till solnedgång. I Lamhult med omnejd går bygget över stora och djupa mossar. Att gräva till fast botten är otänkbart, man "broar." Två rejäla trägärdsgårdar byggs, fälls mot varandra, ovanpå granris och bankmassor.

Jordschakt och bergarbete utförs manuellt med standardiserade spadar, korpar, släggor och bergborrar. Transport med skottkärror, dragkärror, rullbjörnar, stenbjörnar, stenrävar och osymmetriska jordvagnar. Provisoriska arbetsspår anläggs för transport av jord, berg, makadam, räls och slipers m.m.

Fredrik Rääf, riksdagsman och järnvägsmotståndare från Småland anser att ångkraft försvagar människor och han lär ha sagt: "Järnvägarna verka, liksom maskiner, mycket ont och dödar allmänhetens omdömesförmåga, kraft och välstånd. Måtte Sverige så sent som möjligt bliva delaktigt av ett sådant framåtskridande."

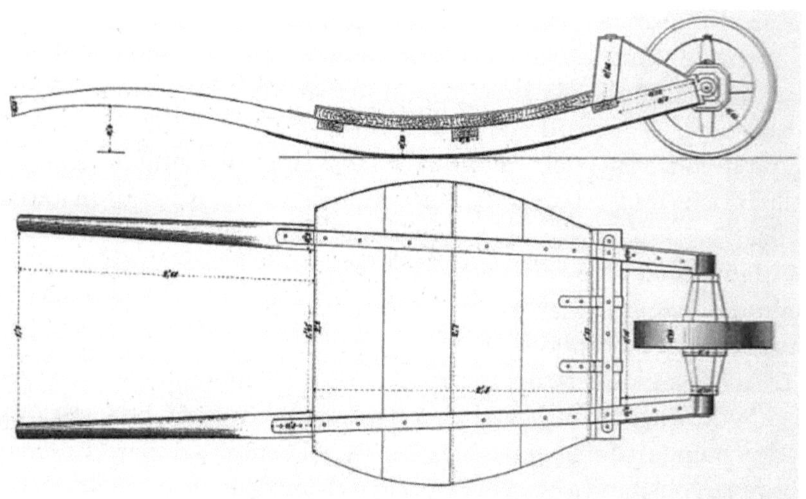

Bild Stenräv, *De första stambanorna, Nils Ericsons storverk*

Knapparna putsade, 140 Nm å Givakt!

Onsdagen 1 juni år 1864 är en stor dag för Lamhult, solen skiner och kvicksilvret kryper upp över 20-gradersstrecket redan vid niotiden på morgonen. Väderprognoser på SVT och TV4 är goda och samstämmiga, en ljuv svensk sommardag väntar för invigning av järnvägen söderifrån till Lamhult.

Trettionioårige stationsinspektören Anders Johan Knochenauer tittar oroligt på mobiltelefonen, klockan är redan 09:48. Klockan 12:00 invigs järnvägen till Lamhult med Kungaparet, Landshövding, pompa och ståt.

Knochenauers uniform är dagen till ära nytvättad och struken, skorna blankputsade och knapparna putsade. Uppe på magasinets lastbrygga, under tak står tjugotalet stoppade rokokofåtöljer utlånade av Gyllensvärds på Herrgården.

Media är på plats, SVT intervjuar Site Manager Erika Svensson, HTCAB. Reportern får klartecken från kameramannen.

Jag står här på Lamhults station och inväntar invigningen av Södra stambanan till Lamhult. Jag står här tillsammans med Site Manager Erika Svensson som lett bygget av järnvägen från Lidnäs och hit. Vilka utmaningar har ni, HTCAB haft under byggtiden?

No problems, all work according to our plans, no deviations and finished last week according to schedule. Since then, we have cleaned up and polished slopes so everything looks good. We have work to do ... a bolt in the rails here in front of the station is to be checked so that it is drawn according to the requirements of the contract and is carried out by His Royal Highness Charles the Fifteenth and under the supervision of County Governor Thyselius, Captain Gyllensvärd at the Manor and State Representative Captain Kulander, he reads and checks that the bolt is tightened according to current regulations, 140 Newton meters ... Do You understand me?

Jag ... understand ...hur är det att vara kvinnlig Site Manager? Du får gärna prata svenska så våra tittare på Sveriges Television förstår.

Okej ... förstår inte varför du ställer frågan. De flesta som arbetar i projektet är tjejer. Men vi har fått påpekande om att vi måste arbeta för fler män på företaget, vi på HTCAB har tre ledord, jämställdhet, cirkulärt byggande och hög lönsamhet.

Är det inte risk för att HTCAB gör avkall på kvalitén när HTCAB har ledordet hög lönsamhet?

Nej ... Vi arbetar efter programmet Smart Building och certifierat kvalitetssystem enligt ISO. Allt är kvalitetssäkrat som påverkar miljö, skyddade växter, blommor och salamandrar. Vi arbetar helt fossilfritt med 100% eldrivna schaktmaskiner, lastmaskiner, bergborrmaskiner och transportfordon. HTCAB har etablerat en stor solcellspark ... en kilometer härifrån vid Grefvaryd, där lagrar vi elektriciteten i gigantiska batterier under jord. Vi arbetar med kvalitetssäkrade, GPS-positionerade arbeten, både i plan och höjd.

Tack Erika för att vi fick en pratstund denna stora dag i Lamhult, åter till studion i Stockholm.

Fyra treuddiga unionsfanor hissas av officerare från Kronobergs Regemente från Kronobergshed efter kommando av Regementschef Weidenhielm.

Givakt!

Hissa fana!

Ja Överste!

Verkställ!

Lediga!

Ja Överste!

Celebriteterna anländer succesivt och vid elvatiden är alla på plats. Först kom 38-årige Kung Karl XV, *Land ska med lag byggas*, och vid sidan Drottning Louise. Kungaparet anländer i sin eldrivna tjänstehelikopter märkt med tre kronor på sidorna. I helikoptern medföljer fyra välbyggda livvakter, automatbeväpnade och hoppar först ut, tittar granskande mot omgivningen och låter två drönare med kameror genomsöka närområdet. Tummen upp för kungaparet att stiga ur helikoptern och möta celebriteternas leverop.

Leve Konungen … Hurra! … Hurra! …Hurra! … Hurra!

Dagen till ära kommer ett sakta bolmande lok söderifrån med en första klassens vagn efter. På loket sitter kopparskylten med text Prins August. Länshövding Gustaf Munte med fru hjälps ner från vagnen av Stationsinspektör Anders Johan Knochenauer. Nu har alla celebriteter kommit och talarlistan är lång … mycket lång.

Efter talen går Kung Karl majestätiskt fram till rälsbulten som ska kontrolleras.

Applåder för Kung Karls viktiga arbetsinsats och avslutas med ännu ett fyrfaldigt leve för konungen … Hurra! … Hurra! … Hurra! … Hurra!

Flera media har rapporterat, bland annat Radio Kronoberg med reporter Per-Johan Johansson.

Celebriteterna aväter en femrätters middag på Herrgården som avslutning på denna historiska dag för Lamhult.

Folket i Lamhult som inte inbjudits till ceremonierna vid järnvägsstationen är hänvisade till Pilatorpet där en gigantisk TV-skärm monterats upp och med livesändning från invigningen. Ryktet går på bygden om det stora ögonblicket i Lamhult.

Kyla, tropisk värme å idogaste provins

Sommaren år 1867 är minst sagt kylig i Lammhultstrakten med frostnätter långt in på sommaren. Året efter, tropiskt varmt från maj till september, torka med utebliven skörd och endast några enstaka korn kan sparas till nästa vår som utsäde. Året efter är skörden minimal, kreatur nödslaktas, svält, sjukdom och död. Åren 1867 till 1869 kom att kallas "nödåren."

Smålandsposten skriver år 1869: "Trots den nöd som i år hemsöker en av rikets fattigaste och idogaste provinser, vårt arma Småland, har flärd och överdådet knappast någonsin varit större i vår huvudstad än under gången vinter. Supéer och baler, den ena lyxigare än den andra och detta under en tid, då mer än tiotusenden tvingas äta barkbröd eller andra onaturliga födoämnen. Vi har fått höra att från Kronobergs län ska till huvudstaden sändas en delegation med förmåga att lägga fram sanningen i hela dess rysliga nakenhet."

Efter vårsådden år 1869 går 54-årige Daniel Andersson med kvasten och sopar noggrant ner utsädet i jorden från stenarnas ovansida på åkern strax norr om torpet Björkeryd. Förra årets rågskörd uteblev nästan helt och endast lite av skörden kunde sparas till utsäde.

Sex personer avlider under senare delen av år 1868 och år 1869. Av dessa är fyra under två år, orsak: difteri, svaghet och hjärtsprång/kramp. Ett 48-årigt inhysehjon avlider med bröstlidande och en 36-årig stationskarl lämnar jordelivet med lunginflammation

Bäcken från Lynnen, mannen å prins Gustaf

Bäcken från Lynnen (Lygnen) och Kalfen (Kalven) rinner genom Lamhult och är länsgräns mellan Kronobergs och Jönköpings län, samt gräns mellan socknarna Aneboda och Hjälmseryd.

Lamhultsborna känner rädsla för folk från andra socknar, även de angränsande Asa och Berg utöver Hjälmseryd. Det okända väcker rädsla, flertalet från de lägsta samhällsklasserna har inte varit utanför den egna socknen under sin livstid. Utsocknes besökare i Lamhult betraktas som utbölingar och inkräktare.

Lamhults bys bebyggelse vid sekelskiftet 18- till 19-hundratal är främst uppförd och ditflyttad efter järnvägens intåg år 1864: Herrgård och Järnvägsstation med tillhörande byggnader, Missionshus, bostadshus flyttade från Grefvaryd, Bobergs krog, Lyckans höjd med smedja, J.G. Anderssons hus, torpet Nyborg under Ljungsberg (senare Pilatorpet). Kungsvägen mellan Wexiö och Jönköping går genom Lamhult, vägen österut mot Asa och västerut mot Ohs.

Drängar, Farmhands från östra delen av Lamhult patrullerar varje kväll, efter mjölkningen på elsparkcykel Lamhult öster om bäcken. När de möter någon okänd person eller annat onormalt tas bild med mobilen och läggs ut på Facebook, Lamhults East Side i dagligt tal LES. Samma sker på öster om bäcken av drängar från Ljungsberg, Kullen, Värnäs och Bo. När båda gängen möts vid gränsen med okvädningsord och upplysning om att bäcken är gräns. När slagsmål mellan grupperna inte kan undvikas med ord, kavlas skjortärmana upp och det spottas i nävarna. Slagsmålen filmas och läggs ut på LES med gillande eller tummen ner. Striden gäller revir för försäljning av hembränd sprit och rusgivande svamp. Bedövande elpistoler används som eskalerande åtgärd eller skarpladdade, stulna pistoler och knektgevär.

Inkomst från försäljning räcker inte till mobiltelefon, märkesklockor och coola kläder, stulna i Wexiö. Fjärdingsman Svensson i

Lamhult patruller stundom på gatorna under dygnets ljusa timmar med elstötsbatong hängande i läderbältet. Det blir inte så mycket tid över till att vara ute, dagliga Teamsmöten: Ekonomi, miljö, jämställdhet, kvalitetssäkring, arbetsmiljö, måluppfyllelse och utbildning m.m.

Gänget från Hjälmseryd, beväpnade med elchockpistoler knackar bestämt på ytterdörren till Lamhults hotell, dörren öppnas av hotellägare Boberg:

Vad önskar mina herrar? Vi kan servera varma rätter och obegränsat med öl eller NoCo energidryck.

Mannen … vi ska sitta vid ett fett bord med fem platser å avskilt.

Varför fem stolar? … ni är bara fyra unga män.

Mannen … vi sitta vid fett bord med fem stolar! … Mannen … fattar du inte? Boberg lotsar artigt fram gästerna till bordet. Drar ut stolarna en efter en och skjuter in dessa när gästerna satt sig.

I kväll har vi nöjet att erbjuda tre vällagade varmrätter …

Mannen …ta in alla tre rätterna till oss alla … å två litersstop starkt öl per man … mannen har du förstått? Boberg tycks nervös, men svarar lätt stammande.

Ska bli i rappet … önskar herrarna snaps till maten?

Mannen … ta in en flaska starkt brännvin å fyra stora snapsglas.

Efter en kort stund kommer Boberg in med en ren, vit duk över vänster underarm och håller brännvinsflaskan i handen, i höger hand fyra, tolv centiliters brännvinsglas. Korken lämnar flaskan med … plopp. Försiktigt fylls glasen upp till bredden.

Strax serverar vi varma maten.

Mannen … se till å skynda på … vi är hungriga.

Varsågoda … först serveras stekt fläskkött, kokt potatis, sås å lingon … jag önskar herrarna en god måltid.

Maten slukas snabbt och då ölbägarna tömts ropas Boberg till bordet.

Hoppas att maten smakade delikat … önskar herrarna betala nu?

Mannen …sitt på stolen! Vi ska prata lax nu … vi har ett riktigt fett förslag …

Låt höra vad herrarna har att erbjuda. Gängledaren tar till orda.

Jo vi får del av Mannens lax på hotellet ... hälften av laxen ... och vi tar hand om mannens fett bråkiga gäster ... å driver raskt in lax från gäster som gått utan å betala ... Boberg tycks rädd å tittar sig omkring i matsalen innan han svarar.

Halva vinsten ... kan jag inte betala ... men två hundradelar?

Två hundradelar av era feta laxar ... vi har sagt ish hälften å inget annat ... mannen ... vi snackar paraflow förstått? ... får vi inte ish hälften då gör vi kaos ... spränger vi hela hotellet i luften ... å mannen åker till himlen å sin Gud! ... Mannen ... spill inte tea ...

En bil, största modellen Tesla kommer söderifrån på landsvägen från Wexiö, bakom ratten sitter Prins Gustav. Bilen rullar sakta, ljudlöst upp mot Herrgården. På trappan väntar nervöst Kapten Georg Gyllensvärd iförd militär uniform och hustru Eva Sofia Augusta Gyllenkrok i fotsid, ljus klänning och bredbrättad, hög hatt dekorerad med rosor och prosten Ydstöm i svart kappa med vit, tvåflikig prästkrage om halsen. Samtidigt lunkar, klampar fem stora arbetshästar ut från stallet, ledda av varsin dräng. Plötsligt sliter sig hästarna lösa och rusar, i vilt sken norrut mot sjön Kalfen. Drängarna blir vansinniga och rusar fram till prinsens bil.

Vad är det för jävla sätt att skrämma iväg hästarna! Kapten Gyllenkrok går raskt fram till drängarna.

Vet hut ... satans drängaslynglar ... ser ni inte att det är prins Gustaf? Ta av kepsarna och gå fram till prinsen ... buga djupt å säg att ni innerligt ber om ursäkt för att ni öste okvädningsord över Hans Kungliga Höghet Prins Gustaf.

I helvete heller bugar vi och ber om ursäkt för en jävla, satans prins ... skrämt iväg våra arma arbetskamrater ... stryk ska den jäveln få! Prins Gustaf springer fram till drängarna.

Stopp ... stopp ... jag ber på mina knän om ursäkt för att jag skrämt iväg hästarna. Ni får femtio riksdaler att dela på ... tio riksdaler var och en ... är ni tillfreds?

Tack ... herr Prins Gustaf ... vi låter det bero för denna gång ...

To America from Lamhult å arbete adlar

Drängen Gustaf Oscar Samuelsson är förste utvandrare till Amerika år 1868 från Lamhultstrakten. Nödåren 1866 – 1868 lider landsbygdens befolkning i Småland. Nödåren kallas Sveriges sista svältkatastrof, eller kanske senaste och drabbar hårt norra delen av Kronobergs län.

Närmare sjuttiofem personer utvandrar under kommande fyrtio åren till Amerika från Lamhult, uppskattningsvis utvandrar nästan hälften av bygdens befolkning. Tjugo pigor och tjugo drängar, femton unga män och tjugo övriga; torpare, arbetare, änkor, flickor, gossar och en hyresgäst enligt kyrkans utflyttningslängder. Främst människor från lägre samhällsklasser utvandrar. Kanske drömmen om friare och bättre liv på andra sidan Atlanten lockar. Men hur få pengar till resan till Amerika? Drängar, pigor kan näppeligen spara mer än enstaka surt förvärvade riksdaler. Kanske arbetsamma drängar och pigor får följa med då husbonden emigrerar eller kanske "agenter" letar upp arbetsvilliga ungkarlar och ungmör, de är efterfrågade i Amerika bland annat som byggnadsarbetare och affärsbiträden. Kontrakt undertecknas med förbindelse att arbeta av några år hos angiven arbetsgivare, biljett över Atlanten och till anvisad ort/adress i Nordamerika samt några dollar till uppehälle under resan. Innan kontrakt undertecknas får de läsa; "Några råd för utvandrare till Amerika", eller få råden upplästa då förståelsen av text är låg, obefintlig, några exempel: "Den som har god utkomst i Sverige bör ej utvandra. – Den som fruktar kroppsarbete bör ej utvandra. – Var nykter, redbar, och flitig, och du ska lyckas här. Dessa egenskaper är de som aktas och betalas i Amerika, lättja nedvärderas och arbete adlar. – Jordbrukare, hantverkare och arbetskarlar samt tjänsteflickor kan alltid påräkna en säker och god inkomst."

Grenadiern Eric Johansson Ericsson arrenderar Frälsegården Holmsryd, ½ mantal, tidigare grenadier vid Kronobergs Regemente, grenadier kastar handgranater i strid. Grenadiern är minst tre alnar lång och med ståtligt utseende. Eric föds år 1826 i Moheda socken, hustrun Lena Stina kommer från Slätthög och är sju år yngre. Sex barn ser dagens ljus mellan åren 1858 och 1873. Dottern Christina utvandrar, 19 år gammal. Två år senare utvandrar äldsta dottern Matilda och två år därefter reser Sara, 21 år gammal. Grenadiern Eric avlider, sextio år gammal, då utvandrar sonen Johannes. Kvar på Holmsryd är nu änkan Sara med två yngsta barnen, Augustina och John. Året efter åker Sara med sjuttonåriga Augustina och fjortonåriga John. Kanske barnen som åkt tidigare skickade hem pengar, kanske de förenades i Amerika, kanske i svenskbygderna … vem vet.

Utvandring från Sverige till Amerika under ett knappt halvsekel uppskattas till 900 000 personer, från Kronobergs län 45 000.

Först år 1907, då massutvandring till Amerika pågått i över 40 år, tillsätter regeringen en statlig utredning för att ta reda på varför så många driftiga svenskar lämnar hemlandet, alldeles för lite har gjorts för att förbättra medborgarnas tillvaro.

Utflyttning från Lamhult går även till andra platser/länder än över Atlanten: Jönköping, Tjureda, Danmark, Schleswig Tyskland, Hjelmseryd, Berg, Stockaryd, Asa, Moheda, Öhr, Wexiö, Malmö, Nässjö, Sävsjö, Kattarp, Lund, Burlöf, Månsarp, Hylletofta, Göteborg och Gällaryd.

Inflyttning till Lamhult under samma tid kommer mestadels från andra platser i Sverige, rätt kompetens för järnvägens behov finns inte i Lamhultstrakten och kompetenta män rekryteras från; Sallerup, Hästveda, Villstofta, Raus, Perstorp och Malmö i Skåne. Tjureda, Tolg, Borås och Asa.

Lamhult, sekelskifte, 25 km/tim å Altona

Bebyggelse i Lamhults by vid sekelskiftet 1800/1900-tal är fåtalig och befolkning ett hundratal. Herrgård med uthus, ladugård, dagsverksstuga, rättarens hus och Malingsbo. Järnvägsstation med dressinhus, pumphus, magasin, hyreshus för järnvägens folk och banvaktsstuga, Ohs magasin, missionshus, Bobergs krog, Lyckans höjd, J. G. Anderssons hus och torpet Nyborg under Ljungsberg.

Vid Lamhults station stannar dagligen sex tåg. Tredje klass biljett kostar sexton kronor från Lamhult till Stockholm och till Malmö hälften, resa i första klass kostar dubbelt jämfört med tredjeklass.

Restiden med persontåg från Lamhult till Stockholm är cirka nio timmar och till Malmö fem timmar. Genomsnittlig hastighet för blandade tåg, person-/lastvagnar är hisnande 25 km/h, då har tåget stannat vid 21 stationer mellan Malmö och Lamhult, fyra ytterligare om folk/gods ska på eller av. Två dagliga snälltåg går mellan Stockholm och Malmö men stannar inte i Lamhult, passerar i helt otroliga farten 45 km/h.

En varm augustidag år 1899 antänder norrgående tåget skogen på två ställen på Gyllensvärds ägor, vid Altona söder Lamhult. Ett 70-tal sammankallade personer lyckas begränsa elden efter några timmars styvt arbete. Dagen efter tar elden fart igen, fåtaliga vakter kan ej hejda elden. Från Lamhult telegraferas till Kronobergshed efter militärhjälp och framåt kvällen kommer två hundra man, då är redan tre hundra civila i arbete. Kronolänsman Selander budar efter folk från Asa och Berg, de är på plats lördag vid soluppgången och övertar då vakten. Militären åker tillbaka till Kronobergshed för generalmönstring. Under kvällen kommer med ett extratåg hundra man åter från Kronobergshed. Långvarig torka gör elden svårsläckt, glödbrand under mark och i mossen, brandens omkrets är åtta km.

Vid årsskiftet betalas ut 1 163 kronor till markägare, för brandskadad skog och mark.

Vykort Jernvägsstationen Lamhult 1902. *Järnvägsmuseet*

Tåg nr 751 urspårade å linjen Lamhult - Lidnäs den 27/1 1912 varvid spåret fullständigt upprevs. 190 meter och28 vagnar urspårade. Olyckan orsakades av att en hjulring å en vagn sprang sönder. *Järnvägsmuseet*

Efterord armod, steniga vretar, knott å mygg
Författare okänd

På steniga vretar han svedde och bröt
och körde i vall sina magra små nöt
och gick där så senig och gammal och knotig.
Men ändå så myste han stilla och gott
och skämtade litet med omvärlden blott
om dagen var särskilt besvärlig och motig.

När skymningen föll och när höststormen ven
då drog man sig samman vid stockeldens sken
och började slöjda med täljkniv och slända.
Och ullen och linet blev dukar och vävar
i präktiga mönster av konstvana nävar
och gagnlös var inte en enda.

Till främmande landskap det hände ibland
smålänningen kom med sin nattsäck i hand
och sålde sin hemslöjd för dalrer som klungo.
Hans goda humör och hans mustiga skämt
de voro hans sällskap som hjälpte förjämt,
som vresiga mänskor och mödor betvungo.

Där järnvägar byggdes längst uppe i norr
dit kom han så villig med slägga och borr
och kunde nog sköta båd´ kärra och spade.
Bevars om det värkte i armar och rygg
och luften var svart utav knott och mygg
så var han dock alltid den käcke och glade.

För fattigmans drömmar dock hägrade mest
det nya och väldiga landet i väst
och dit for han över med nattsäck och kista.
Där tjänades dollrar men ej utan flit
och livet var fullt utav mödor och slit,
där många gav tappt stod han ut med de sista.

För stugan därhemma som medfaren låg
och åkrarna som bar potater och råg
en sugande saknad i bröstet han kände.
Hans blick blev så dimmig och underligt vek
och pengar att lösa ett drygt hypotek
med posten han omsorgsfullt sände.

Så slet han på träda, på loge och äng
var uppe med solen och sent kom i säng
så slet han i västan och nordan.
Och fliten gav lön och ett blomstrande land
det danades så av hans idoga hand
ej ens – men i tidens fullbordan.

Hem och skola, hästskit, Ökapå å Pinnen

Näringsfriheten kommer till Sverige under 1800-talet. År 1828 avskaffas skråtvånget för bagare, slaktare och bryggare, dessa yrken kan utövas utan styrkt skicklighet. På 1840-talet tas ytterligare två steg mot näringsfrihet. År 1846 avskaffas hantverkarens skyldighet att tillhöra ett skrå på landsbygden av kung Oscar I och nu kan alla fritt välja yrke. Nu tillåts också handelsmän att idka handel på landsbygden, dock minst tre mil från närmaste stad för att inte konkurrera med stadsborna. Ytterligare steg mot näringsfrihet tas år 1864 då obligatorisk skråtillhörighet avskaffas i städerna samtidigt fri etableringsrätt för handlare och fabriker på landsbygden.

Bondesamhället kallas ibland det förindustriella samhället, vilket inte är riktigt samma sak. Mycket från bondesamhället lever kvar in i industrisamhället på 1900-talet. Livet är lokalt förankrat, man lever och arbetar tillsammans i byar.

I samband med husförhör invigs Grefvaryds skola söder om järnvägsstationen. Invigningen förrättas av komminister Holm, Aneboda. Komministern utgår från psalmen "Bygga upp ej riva ner. Är en kristens plikt och heder," talet är kraftigt och livfullt och påminner om det nedrivningsarbete som i vår tid trots framåt-skridande och utveckling på det rent världsliga området äger rum på sedligt och andliga området, då gammal god ordning byts ut mot laglöshet eller lös andlighet, som aldrig förmår dana kristna, som är skickade att på allvar kämpa livets strid. Det är därför var och ens plikt, under bekännelse av skuld, han har till rådande tillstånd, gör vad han kan för att bygga upp. Man bör börja från grunden, med de unga. Om de fostras till sanna kristna och goda medborgare, bör det mer än hittills bli samarbete mellan hem och skola. Lärarna bör gå i Jesu skola, och gjuta in mer av kristendomens anda hos barnen. Undviks fusk och hastverk, då ska det som rivits ner byggas upp.

Skolhuset innehållen en ljus och rymlig skolsal, rum för läraren samt avklädnings- och matrum för barnen.

Det som kunde användas från gamla skolhuset har använts, kostnaden för nya skolhuset uppgår inte till mer än något över 1 200 kronor. Entreprenören samt byggnadskommitterade, kapten G. Gyllensvärd, handlare P. Lång och stationskarl P. Norrbom i Lamhult har all heder av det nya, tidsenliga skolhuset.

Kort tid efter att Grefvaryds nya skola invigts grasserar scharlakansfeber bland småttingarna. Läsningen i Grefvaryds folkskola måste inställas tills vidare.

Skogen i Småland är värdefull, virkesauktioner annonseras i dagstidningar och vanligen vid järnvägsstationer utmed Södra stambanan, annons inför auktion i Lamhult:

Offentlig virkesauktion.
Fredagen den 9, nästkommande november
kl. 9. å Lamhults järnvägsstation:
Ett större parti hugget virke samt mindre partier bräder,
björkstänger och ved liggande å stationsområdet därstädes.
Ett parti virke liggande å Lidnäs stationsområde.
Ett mindre parti hugget virke och en del props liggande i Stenbro.
Ett mindre parti liggande i Elmhult.
Ett större parti hugget virke och ett mindre parti på rot i
Skuggebo.

Allt är inte frid och fröjd i Lamhult, stölder, slagsmål och olyckor hör till vardagen. Mycket händer i närheten av järnvägen i Lamhult och på ölkrogen.

Mycket folk är samlade i Lamhult, virkesaffärerna är i full gång och vackert slädföre. Gräl och slagsmål efter flitigt öldrickande. Förlorande parten flyr till virkeshandlare Långs bostad, de flyende förföljs under svordomar och med vedträn som vapen. Även fredliga personer förföljs och ett postbud från Ohs blir utan anledning överfallet och slås blodig. Det är mycket obehagligt för invånarna i Lamhult att bråk sker, ofta fortsätter bråken in i boningshusen och stör hemfriden.

En hemmason från Björkenäs, Hjälmseryds socken åtalas för hemfridsbrott, misshandel och oljud vid Lamhults järnvägsstation, blir förelagd om hämtning, om han inte inställer sig vid vårtingets första sammanträde, den 14 januari.

Nämndeman N. Hjertensson i Eskås, Aneboda församling får pulsådern avskuren på ena armen då han ska avstyra ett slagsmål mellan ett par hemmansägare från Hjelmseryd på Lamhults ölkrog, förbinds på Säfsjö sjukstuga. Stationssamhället skickar begäran om polisbevakning för att hålla styr på bråkiga kunder vid besök på ölkrogen.

En lumpsamlare från Lamhult åtalas av kronolänsman för hemfridsbrott hemma hos Kapten Gyllensvärd i Lamhult, döms till böta 50 kronor.

Herrgårdens ägare startar år 1906 telefonstation som drivs privat. Tidigare fanns telefonförbindelse mellan Lamhults Herrgård och Bergs Herrgård, som drevs av gårdsägarna. En dam anställs att sköta stationen, hennes man är kusk åt Gyllensvärd.

J. G. Andersson startar första speceri- och diverseaffären i Lamhult vid sekelskiftet. Bröderna Axel och Hugo Nilsson startar senare affärsrörelse i fastigheten väster om järnvägsstationen.

Herrgården öppnar också speceriaffär i Lamhult och utarrenderas, här hålls koll på kundernas prat. Böndernas hästar binds upp framför affären, hästskiten tillhör herrgården enligt skrivet kontrakt.

Kapten Gyllensvärd säljer egnahemstomter i. Lamhult som kommer att uppblomstra till ett större samhälle med goda kommunikationer och rikstelefonstationen har nu tolv abonnenter.

Torparsonen, Erik Svensson tillverkar möbler hemma på torpet Ljungsdal. Maskinerna drivs av två kor, kallas vandring. Bönder i trakten kommer med virke till Ljungsdal, köper sängar och ibland likkistor. Långväga beställningar av möbler bär Erik själv till järnvägstationen i Lamhult. Rörelsen på Ljungsdal utökas några gånger och kom att kallas ”Ökapå”.

Arbetstillfällena är fåtaliga i Lamhult, tanken föds: "Tänk, om vi ska bygga en fabrik, som kan ge sysselsättning åt oss själva och rent av med tiden ge arbete åt fler."

Fabrikören och möbelhandlaren Edvard Karlsson bygger ett sammanhängande bostads-, lager-, försäljnings-, och verkstadslokal med hjälp av ett arbetslag bestående av Gunnar Berggren, Gustav Lundin, Elof Svensson och Eric, Edvin, och Reinhold Ståhl.

AB Lamhults Stol- och Snickerifabrik, "Stolfabriken - Pinnen." efter pinnstolar som ska tillverkas. Fabriksbyggnaden beräknas kosta 10 000 kronor Insatsen/aktien är 1 000 kronor per anställd och en förutsättning för arbete på fabriken. När 10 000 kronor är tecknade startar bygget, men hur ska vi bygga? Vi bygger så det är enkelt att ändra byggnaden till bostäder! Fyra tvårumslägenheter om företagsidén: Stolar, pinnstolar misslyckas. Mesta byggnadsarbetena utförs ägarna/arbetarna själva, snickeri, grävning och installation av inköpta begagnade maskiner. För elinstallationer anlitas Arvid Lööf, bosatt i Lamhult och Ernst Dalton från Alvesta installerar värme.

När fabriken är färdig är pengarna slut. Skånska banken lånar ut pengar till rörelsekapital och med säkerhet av borgensmän. Första året levereras stolar för 8 000 kronor, mest på export. Pris för dussinet exportstolar är 36 kronor.

År 1933 bryter en världsomspännande depressionen ut och köplusten avtar och exporten minskar. Priserna sjunker från 36 kronor till 18 kronor per dussin stolar. Nu startar också tillverkning av små bord och sortimentet utökas med arkitektritade möbler och stolar.

Stolfabriken får stor betydelse för utveckling av möbelindustrin i Lamhult. Flera anställda vid "Pinnen" startar egna företag. Arbetskompisarna Eric Ståhl och Bertil Sandberg blir egna företagare och startar upp FåtöljKompaniet.

Avdelning 232, Hantverks- å Köpmannaförening

Under 1900-talets första hälft startas industrier och affärer med anställda arbetare. Arbetarna går samman och organiserar sig för att med kraft förhandla med arbetsgivare om löner, arbetstid och andra frågor. Svenska Träindustriarbetareförbundet bildades år 1923 och organiserar verkstadsträarbetare.

Svenska Träindustriarbetareförbundets avdelning 232 Lamhult bildas december år 1931. Till första styrelsen väljs Erik Roos till ordförande, Gustav Rosell kassör, Robert Joakimsson sekreterare och övriga ledamöter John Gustafsson och Erik Lindblom. Efter fem år har avdelningen 57 medlemmar och två skyddsombud.

Lamhult är med sitt läge ett handelscentrum med stort omland. Flera affärsrörelser startar under 1900-talets första år i Lamhult. Några år senare börjar Carl F. Jonasson ägna sig åt affärer. I början åker han runt i bygden och köper upp djur till slakt, höns, smör och lingon. Affärerna går så bra att han startar verksamhet i Lamhult och utvecklar denna till en rörelse av stort format. Bönder behöver nu inte längre åka till Växjö med slaktdjur.

År 1937 finns så många hantverkare och företagare att man bildar en hantverks- och industriförening med sjutton medlemmar. Förste ordförande är smidesmästare Rickard Claesson. Utöver frågor som rör företag och yrken diskuteras samhällsfrågor: Strömleverans, postutbärning, godsinlämning och telefonstationens öppethållande, genomfartsvägen, samhällets gator och andra trivselfrågor för samhällets invånare. Även kommunala frågor diskuteras och förslag väcks. Initiativ tas till kommunal yrkesskola och är till de som vill förkovra sig i skilda ämnen, lärlingar utbildas, får gesällbrev och blir egna mästare eller industriledare.

Nu startar också Köpmannaföreningen i Lamhult, med Eric Bengtsson som ordförande, Herbert Nilsson vice ordförande, Helge Ekström sekreterare och Thure Andersson kassör.

Asa herrgård, 45 öre, flås levande å Sträng

Var femte svensk sysselsätts inom jordbruket som utgör en betydande del av Sveriges samlade ekonomi.

År 1933 bildas avdelning 248 av Lantarbetarförbundet för arbetare, statare och torpare på Asa Herrgård.

Avdelningen begär omgående förhandling med arbetsgivaren, förslag att timlönen höjs med 10 öre till 45 öre för arbetare utan naturaförmåner och 40 öre i timmen för arbetare med fri bostad, bränsle och potatisland.

När Söderström, arbetsgivarens representant får vetskap om arbetarnas krav blir han mycket upprörd. Arbetarna kallas till förhör och hotas med gruvliga straff för att de organiserat sig fackligt. Fackföreningens medlemmar ska flås levande, träs upp på spett och stekas levande över eld. När Söderström tömt gallan över arbetarna tvingas de att gå förbi en tavla med Adolf Hitler och hakkors.

Konflikten lär haft sin upprinnelse när prästen i Asa skriver till Lantarbetareförbundet och undrar om förbundet kan organisera statarna fackligt på Asa Herrgård, beroende på alla missförhållanden vid herrgården: "Söderström driver anställda var som helst."

Ombudsman Gunnar Sträng kommer på en gammal damcykel till Asa från Lamhults järnvägsstation, med uppdrag att bistå fackföreningens kamp. Söderström tar emot Sträng med heil-hälsning, Söderström vägrar förhandla.

Sträng kontaktar Statens förlikningsman, borgmästare Pettersson i Mjölby och ber om hjälp att ordna förhandling mellan parterna. Parterna kallas till möte på stadshotellet i Växjö.

Mötet, förhandlingen misslyckas. Söderstöm vägrar att förhandla och skriva avtal, han är ilsken och vildsint. Handgemäng ligger i luften och parterna skiljs.

Söderström skriver till Lantarbetareförbundet, förkastar förslaget till avtal som förlikningsman Pettersson presenterat på stadshotellet i Växjö och meddelar att han gör upp lönevillkoren med sina anställda på egen hand och motsätter sig att arbetarna kollektivt förhandlar med honom. Nytt försök till att få Söderström till förhandlingsbordet misslyckas.

Lantarbetaravdelningen utlyser strejk för rätten att erkännas som förhandlingspart och rätt till förhandling om kollektivavtal. Strejken börjar 1:a maj år 1934 och omfattar jordbruk, såg och skogsarbete vid Asa herrgård. Alla varor från herrgården förklaras i blockad. Affischer trycks upp med budskap att allt arbete på Asa herrgård är i blockad och gårdens varor bojkottas. Arbetarna hotas med avhysning från sina bostäder om de inte undertecknar personliga kontrakt. Affischer kompletteras med att läkarskjutsar, förste man i ladugården och mjölktransporter från Asa till Växjö är tillsvidare undantagna från blockad.

Ägarna, familjen Stinne ger från sitt tyska gods i Tyskland order om att sex arbetsfamiljer ska vräkas från sina bostäder. Vräkningsansökan sänds av anlitad advokat till Kronobergs länsstyrelse i Växjö. Arbetarna kallar till strejkmöte och med unge ombudsmannen Gunnar Sträng som talare. Strejkmötet är långt och på Strängs inrådan ska offentliga möten hållas om vräkningar verkställs.

Stort opinionsmöte hålls i Asa söndagen 3:e juni år 1934. Tusen arbetare samlas vid Asa herrgård för att manifestera stödet för de strejkande. Mötesdeltagare kommer med sång och musik på cykel, i bil och buss, till fots och med ångaren Thor. Strax efter bryter Länsstyrelsen mot lagen, hemlighöll dag för vräkning.

Ett år har gått med demonstrationer, blockader och hot om vräkningar. Statens förlikningsman kallar till möte i Växjö, kollektivavtal vill inte Söderström veta av.

Ombudsman Sträng, Söderström och förlikningsman träffas på stadshotellet i Kalmar. Stäng begär enskild förhandling med Söderström ... strejken lyckades!! ... kollektivavtal är undertecknat!!

Folkets Hus och Park, träffas å ha trevligt

Lamhult växer så det knakar under första åren av 1900-talet. Affärer, företag, och föreningar, men ingen samlingslokal. Vid seklets början får möten med olika syften hållas i lönndom. I bostadskontrakt skrivs in "folksamling förbjuden." Överheten i Lamhult: Kyrkan och Herrgården vill kanske ha kontroll över undersåtarna.

Järnvägen lockar många människor att flytta till Lamhult, flera av dessa har säkert erfarenhet av föreningsarbete. År 1914 utlyser järnvägsanställda ett möte för att dryfta bostadsfrågan och samlingslokaler i samarbete med fastighetsägarna i Lamhult. Året efter väljs ledamöter till Lamhults Byggnadsförening. Ett markområde köps in vid Lyckansberg, marken är oländig och här ska en samlingslokal byggas. Folk samlas på kvällarna för att röja, gräva och andra arbeten för att kunna bygga egen samlingslokal, senare Folkets Hus. Pengar behövs och fester arrangeras vid Paradiset. Andelar i byggprojektet säljs á tio kronor. Hösten år 1915 är det dags för invigningsfest i stora salen, med tal, teater och dans till musikkapell. Inkomsten är hela 21 kronor och 9 öre! Sittplatser är plankor lagda på träbockar, belysning med fotogenlampor och värme från en två meter hög vedkamin.

Utedansbana byggs under 1920-talet när ytterligare mark köpts in för 450 kronor. Söndagskvällar spelar Lamhults musikkapell upp till dans, violin, saxofon, trumpet och med slagverk/batteri, piano köps in för 1 400 kronor. År 1933 byggs tak över dansbanan och avtal skrivs med Lamhults musikkapell om dansmusik i parken hela sommaren alla söndagar mellan halv sju till kvart över elva på kvällen, gage 32 kronor och 50 öre för varje spelkväll.

Kuplettsångare, bondkomiker, zigenarorkestrar, trollkarlen Dan Axela, Skånska Lasse, Pelle på Nabben och hundteater besöker Folkets Hus och Park. Folk kommer cyklande från Tolg, Åby, Ohs och Nydala. Åby- och Ohsborna har mycket att "göra upp om."

Folkets Hus brinner ner till grunden år 1937, inventarier kan inte räddas. Branden, ett skådespel för tårögda samhällsbor, ser med saknad sin enda samlingslokal gå upp i rök. Omgående startar arbete med planering och byggande av nytt Folkets Hus. Arbetet utförs av Alexis Petersson till priset av 54 000 kronor, biografstolar ingår, tillverkade av Lamhults Stol- och Snickerifabrik. Förfrågan om lån ställs till Sydsvenska banken i Lamhult: "Bygg först så får vi se hur det går." Efter bankens besked vänder man sig till Alvesta Sparbank och lånet beviljas. Smålands Folkblad skriver:

"När man bestiger granittrappan, ser man genom entrén som utgöres av glas infattad i ek, rakt ut i parken. När man kommer in finns många dörrar att välja på. Rakt fram i likhet med entrén är hela gaveln av glas i ekbågar. Ekdörrarna leder till en sommarterrass, från den fri utsikt över parken och dansbanan."

Nu kompletteras parken med skjutbana, kulörta lampor och biljettkiosk. När andra världskriget startar beslagtar Staten Folkets Hus och Park till beredskaps/krigssjukhus. Efter ett år återgår Folkets Hus och Park till Lamhultsborna med krav att staten kan återta fastigheten med tolv timmars varsel. Det dröjer till mars 1946 innan Staten återlämnar lokalerna i skadat, dåligt skick. Efter segslitna förhandlingar får Folkets Hus och Park 1 628 kronor.

Sjukhuset används under Andra världskriget av Svenska försvaret. Skadade svenska militärer vårdas i Lamhult av lokala sjukvårdssamariter.

Folkparkernas centralorganisation bildades år 1905 med viljan att höja arbetarklassens bildning genom god musik, teater och annan bildning. Folkets Park ska vara en plats för alla att träffas och ha trevligt oavsett ålder och komma från den gråa vardagen.

Folkets Hus, 1920-talet.

Folkets Hus, t.h. ingång till parken, 1940-talet.

Ingen kaffebiljett, 3 – 4 mil, skytte å Vivan Dahl

Under 1930-talet föds flera ideella föreningar i Lamhult: Scoutkår, idrottsföreningar, simsällskap, skytteförening och Röda Korset.

Lamhults Scoutkår bildas år 1936, initiativtagare är Göran Dahl, P. A. Söderström, Torsten Hjertensson, Olle Linell, Sven Svensson och John Andersson. Första kårchef är Göran Dahl. Två pojkpatruller organiseras inledningsvis. Kårlokal vid starten är Boo skola, senare i en liten stuga vid Svenssons Möbler. Vid Världsjamboreen i Washington år 1938 deltar Torsten Hjertensson.

År 1930 samlas några fotbollsintresserade för att diskutera och undersöka intresset för att bilda en förening. En månad senare bildas Idrottsföreningen Kamraterna, IFK Lamhult. Göran Dahl väljs till ordförande, styrelse: Carl J. Sandström, Axel Nyman, Axel Pettersson, Hugo Sjöberg, Helge Grönberg och Helge Petersson. Nu måste en plats hittas för fotbollsspel, efter mycket letande hittas en lämplig plats, söder om Niklassons gård i Grevaryd. IFK ska betala 25 kronor/år i hyra. Seriespel är inte möjligt i skogsgläntan och på herrgårdens mark hittas en mer lämplig plats. IFK köper och betalar tre tusen kronor för marken. Sex år efter att föreningen bildats är det dags för seriespel i Smålandsserien division II, Växjögruppen. Ett lag i samma serie är Öster med en duktig spelare, Stig Svensson. Föreningens ekonomi förbättras med fester i Lamhults Folkets Park. Inträde lördag 25 öre och 50 öre söndagar. Egna funktionärer betalar inträde och får ingen kaffebiljett. På fotbollsplanen spelas bandy under vintern. Gymnastik och friidrott utövas i mindre omfattning. Intresset för karta och kompass ökar. Cykelturer på 3 – 4 mil till och från tävlingar avskräcker inte orienterarna.

Makarna Dahl, V. Malvin, A. P. Mauritz och I. Rydh bildar år 1937 en orienteringssektion i IFK Lamhult. Orientering utövas på kartor, ritade på 1800-talet och föga överensstämmande med verkligheten, se sid 103.

Vivan Dahl lär ungdomar simma vid Allgunnens badplats. Ungdomens intresse för simsport ökar och ny badplats etableras vid Boosjön. Pengar saknas, avskräcker inte Vivan Dahl, hon knackar dörr i Lamhult och samlar in 500 kronor som grundplåt. Lamhults simstadion invigs år 1936 efter mycket frivilligt arbete.

Några skytteintresserade i Lamhult kommer på idén att bilda en skytteförening. Löjtnant Hjalmar Fransson inbjuds till möte i Folkets Hus 5 februari år 1940, mötet är talrikt besökt och beslut fattas om att bilda Lamhults Skytteförening. Till ordförande väljs Trävaruhandlare Gunnar Petersson, övriga styrelseledamöter: Carl Sandström, Gustaf Kristoffersson, Erik Nilsson, Knut Svensson och Eric Kristoffersson.

Styrelsen får i uppdrag att hitta lämplig plats till skjutbana, Stenbro är lämpligast men markfrågan går ej att lösa, Björnö kan nog också vara en bra plats för skjutbana. Gyllensvärd ägare till marken ger tillstånd till att använda marken, med årligt arrende om 15 kronor. Provisorisk skjutbana anläggs vid Holmsryd och används vid träning. Alla medlemmar ska göra ett dagsverke vid nya skjutbanan eller betala 5 kronor, även skyttepaviljong byggs. Skjutbanan invigs ett halvår efter föreningens bildande.

Simmare i tidsenliga badkläder, senare delen av 1930-talet.
Under furen eldsjälarna Vivan och Göran Dahl.

Från en korpskyttetävling 1943. Skyttar fr. v. Eric Lantz, Bror
Carlsson, Hugo Sjöberg. Åskådare bl. a. Carl F. Jonasson.

Marknad, slagsmål å ett rejält handslag

Marknaden har länge varit mötesplats för landsbygdens folk och anpassad till bondens år, vårmarknad och höstmarknad. Hästar och kor byter ägare. Slagsmål mellan brännvinsdoftande unga män är vanligt, däremot sällsynt att kvinnor tar till knytnävarna, däremot vräker kvinnorna högljutt, gälla okvädningsord, svordomar mot antagonisten och kompletterar med örfilar, klösning och luggning. Slagsmålen lockar stor publik och åskådarna kommenterar högljutt och hejaropen ekar. Knytnävar och brottargrepp används för att besegra motparten, ärligt. Om slagskämpen tar fram kniv eller knogjärn griper åskådare resolut in och avväpnar densamme.

Av gammal sedvana är marknaden en festdag, drängar och pigor ges ledigt av husbonden. Drängen börjar frieriet till fagraste pigan, om han avvisas söker neråt i rankingen. Då två drängar friar till samma piga uppstår ofta slagsmål.

Lamhults marknadsplats har sedan 1920-talet legat norr om Grevaryds skola. Fram till 1870-talet låg närmsta marknad vid Boo Gästgiveri. Länsman förbjöd dock marknaden i Boo, efter slagsmål mellan två drängar, en från Aneboda och en från Hjälmseryds socken med dödlig utgång.

När affärer och handelsbodar tillåts på landsbygden minskar marknaden i betydelse för landsbygdens folk och besöken blir färre. Kreaturshandeln lever kvar och karameller säljs av flera kokerskor komna från när och fjärran, köerna är långa och en välfylld påse är ett måste.

Singoallor kommer och spår framtiden mot "vita" mynt. Marknadsfinkan fylls på efterhand med brännvinsosande bråkstakar. Hästköpare känner sig lurade när de spörjer att säljare gett öken ett par rejäla klunkar konjak i vitaliserande syfte. Säljaren vidstår dock att hästen inte piggats upp

Vi slog hand på affären … rejält handslag gäller … bonnjävel!

En marknadsdag på 30-talet i Lamhult
Några valda verser av totalt trettiofem, Ingemar Ljungqvist

För länge sèn en dag i augusti det Lammhults marknad skulle bli
och från alla håll och kanter kom bönder med tjurar, kvigor och kor
och många hugade spekulanter.
Bland de många fanns ofta Axel "Matkull" och Axel Pettersson från
Hylletofta.

Tidigt på morgonen kom marknadslivet i gång med buller och bång.
Korna ängsligt råmade, ilskna tjurar breda sig kråmade.

Axel P. hade kommit i sitt rätta esse och såg på de saluförda korna
med en handlares intresse.
Med ens hade han fått Algot Nilssons utmärkta ko på kornet, en ko
som föll väl i hans smak.
Han kände på framdel och bak och räknade ringar på hornet.
Kon var en sådan han sökt, men han tyckte priset var för högt.

"Matkull" alltid en spjuver, hade sport att Kalle från Sjöända var
på väg med en dräktig ko.
Han mötte upp vid Malingsbo och började genast trycka på kon
och treva på spenar och juver.

När "Matkull" hade på känn att på kon han kunde tjäna några
spänn gav han Kalle ett bud.
Men Kalle, en försiktig man, han tänkte: "Herre Gud. är inte Rosa,
min utmärkta ko, värd mer än detta, då får det bero, hon åter får
gå hem till sin stätta."

I tältet satt tingel-tangel-prydda zigenerskan Singoalla som för "vita
peng" spådde framtid ljus för alla men av pengen den "bruna" hon
blev mörk i sin nuna.

När handeln var slut på hästar, kor och kvigor samlades unga och gamla, drängar och pigor för att fira marknadsda´n på sedvanligt sätt.
Drängarna drack ur flaskan en skvätt.
Pigorna bar den klänning de hade när de hos bönderna sig stadde.

Linnèa, Växjös marknadstant nr ett vi år efter år i karamellståndet sett och fortfarande hon kan oss förära hemkokta karameller av mynta och ingefära.

"Skynda på, skynda på medan biljetter finns kvar att titta på världens starkaste karl!
Han runt cirkustältet kan gå på händer och vrida en hästsko med sina tänder.
Han, den ende, kan utföra den bravaden."
Så lät det hela dagen från cirkusestraden.

Trogna av gammal vana stod frälsningssoldaterna vid gryta och fana.
Allt medan Lina Sandells sånger så vackert ljöd bad de om hjälp åt dem som led nöd.

Drängen Johan väcktes tidigt till vardagens knog.
Han kände det var da´n efter marknadens fest.
Flaskan kunde han ej se, av den han fått nog.

På morgonen satt Anna på mjölkpallen.
Mjölken strilade i stävan och Anna såg framtiden med bävan för hon förstod vad som under marknadsnatten hänt.
Nu skulle ryktena säga att hon var en hora.
Tårarna rann när hon satte pallen vid kossan Dora.

Allis och Åke, träbonnaskor å jazzkakafonier

Året är 1948, året efter Parisfreden då fredsfördrag sluts mellan segrarmakterna och mindre staterna på förlorande sidan i andra världskriget. Nygifta paret tjugoåttaåriga Allis, född Allansson och trettiosjuårige Åke Karlsson flyttar till Lammhult från Örkelljunga där de funnit varandra och lovat varandra inför prästen att älska varandra tills döden skiljer dem åt.

Allis Maj Hildegard ser dagens ljus pingsthelgen år 1920, far hennes är korgmakare Allan William Jansson och hennes mor hemmahustrun Klara Ingeborg. Allis föds och växer upp på ett torp eller litet "ställe" med ett halvt tunnland skånsk mylla i byn Lemmeshult, fyra kilometer norr Örkelljunga.

Allis far Allan hade några år tidigare hört på Örkelljunga marknad om en gammal ålderssvag änka, Tora som bor i ett fallfärdigt hus i Lemmeshult och inte klarar sig själv längre. Hon behöver en dräng eller hyresgäst för att klara livhanken med ved, mat, ta upp vatten ur brunnen, täta papptak, mata ett par grisar, ett halvt tjog höns och en morgonpigg tupp. Utedasset behöver grävas ut ett par gånger om året och gödslas ner i potatisåkern, gamla, slitna, smutsiga kläder behöver tvättas och lite till.

Tjugoårige Allan och Klara pratar i smyg om framtiden och flytt till gamla Tora. För att komma bort från föräldrar och gårdarna där de växt upp och ett friare liv än livet som hemmadräng och piga hemmavid. Allan växte upp med två bröder och en syster på bondgården Mattarp, halvmilen från Lemmeshult. Som brukligt är får Allan hjälpa till på gården som barn, i femtonårsåldern börjar han som snickarlärling och kom hem med några kronor varje vecka till Mattarp, hälften till föräldrarna och hälften åker ner i spargrisen, eller kanske gömdes omsorgsfullt för framtiden.

Allan och Klara förlovar sig, lysning och efterföljande bröllop. Klara får höra att hon blivit rundare om magen. Ett par månader senare föds ett välskapt flickebarn, min mor Allis. Nu går, ja de går bokstavligen med flyttlasset till Lemmeshult, kläder, några verktyg, psalmbok och bibel från konfirmationen. Efter ett par år avlider Tora och familjen Allan, Klara och lilla Allis bor nu själva i huset. Nu behövs inkomster, Allan börjar fläta enekorgar, potäte-, engrepa- och hektoliterskorgar, även fina kvastar av björkris med björkskaft. Allan får snart ett namn om sig att göra ovanligt fina och starka korgar. Köpare är traktens bönder, marknadsbesökare i Örkelljunga, Våxtorp och läderfabriken i Ängelholm köper årligen tjogtals med korgar. Allan skaffar en väl begagnad damcykel och denna används som transportmedel av färdiga korgar och kvastar. Enbuskar ses som ett otyg av traktens bönder på Hallandsåsen, Allan får frågan om han kan hugga enbuskar på godset Lärkesholms marker.

Vid korgtillverkning behövs raka, sex sju alnar höga enbuskar och diameter inte större än en och ett halvtum vid roten. En bunt med tjugo, trettio enekäppar binds hårt samman på pakethållaren och det breda, vingliga ekipaget ställer kosan hem till uthuset, korgverkstaden i Lemmeshult. Skyndsamt bärs enekäpparna in i verkstan och vattnas dagligen så de inte torkar. Torrt ene går inte att klyva till smidiga, en sjättedels tum tjocka vidjor för flätning av bottnar och sidor. Korgarna flätas till exakta mått, Allan har till sin hjälp egenhändiga mätstickor med inskurna jack för diameter i botten och överst, även märke för korgens höjd. I verkstaden arbetar Allan året om, doft av ene och rök från vedspisen ger en speciell god doft. Flera gånger om dagen spottar Allan på brynstenen och skärper kniven, stor och tung. Doften från brynstenens fina partiklar, svett och snusloskan på brynet är speciell, inte motbjudande utan just speciell som den bara kan vara i en skånsk korgmakares lilla enkla verkstad. Genom plankväggen hörs hönor kackla och grisens grymtande.

Klara har intresse och gott handlag för sömnad, stickning, virkning och har köpt en väl begagnad pedaldriven symaskin. Sockor, vantar, mössor stickas till lilla Allis, arbetskläder lappas till symaskinens rytmiska ljud. Klara har gjort sig känd i trakten för att inneha symaskin och syr fina, slitstarka kläder. Beställningarna ökar successivt och Klara måste tacka nej till icke närboende, lilla Allis pockar ju också på uppmärksamheten. Potatis- och grönsaksland, kupas, rensas och skördas i rättan tid, bär och frukt plockas.

En par liter spenvarm mjölk köps dagligen från granngården. Kokt eller stekt potatis, rökt eller färskt bröd och ägg är basmat, vardag som helgdag. Kompletteras efter årstid, tillgång och tillfälle med morötter, kålrötter, frukt och hembakade kakor. Mjölk och vatten är gängse måltidsdryck, kaffe ibland vid morgonmål eller vid besök. Kaffebönor mals i en liten kaffekvarn med vev ovanpå och en utdragslåda nertill med malt kaffe, ljudet och doften från kaffekvarnen känns hemtrevlig. När Allis är fem år har hon till uppgift att mala kaffebönor, enda leksaken hon har utöver dockan.

Folkskolans första klass i Mattarp väntar när Allis är sju år. I träskor, eller på skånska "träbonnaskor" går Allis tre kilometer till och från skolan i Mattarp sex läsår, sommar som isande kall snövinter. Efter folkskolan blir det ett par års hushållsskola i Örkelljunga, en "fullständig husmodersutbildning," ämnen som sömnad, städning, ekonomi, matlagning med mera.

Efter husmodersskolan söker sig Allis ut från hemmets trygghet i Lemmeshult och arbete väntar som affärsbiträde i en ekiperingsaffär och med litet eget rum på övervåningen. Allis trivs och med ärvd färdighet av nål och tråds användning blir hon uppskattad medarbetare i affären. En dag kommer en lång, välbyggd ung man in i affären för att köpa kostym. Efter många tillfällen för provning blir det affär och kunden, Åke frågar blygsamt om han får bjuda Allis till Skyttepaviljongen i Örkelljunga, lördag kväll. Rodnande, blygt svarar Allis … Jaaa.

Åke ser dagens ljus år 1911 på ön Malmön i Bohuslän. Åkes far Anders Johan, torparson från Småland längtade efter ett bättre liv och reste år 1892 till ön Malmön. Han var född 1857, tio år före nödåren. Hans mor överlevde inte nödårens svält och fattigdom. Anders Johan började arbeta som dräng, femton år gammal som alla andra pojkar från lägsta samhällsklassen. Då han är 35 år gammal

50

och tjänat dräng på flera gårdar läser han en annons i tidningen om att nyktra och arbetsvilliga män sökts till stenhuggeriet på Malmön i Bohuslän. Här fattar han omgående tycke för Davida, sjutton år yngre och uppväxt på ön, de gifter sig och får första barnet, Einar år 1893. Hemmet, en liten lägenhet i bolagets barack. Arbetar, efter kort introduktion som stenhuggare, hårt, riskfyllt och arbete på ackord utomhus året runt alla dygnets ljusa timmar. Davida sköter om Einar. Maten består vanligen av kokt fisk från havet och potatis. När Einar är tre år får han en lillebror, Magni som inte upplever sin femårsdag. Tredje barnet, Gunnar ser dagens ljus år 1899 och min far Åke föds december år 1911. Stenhuggarna skojar med Anders Johan, "nu har du fått fyra pojkar och alla födda december månad ... du måste begåvats med starka vårkänslor ... haha ...haha."

Då Åke är två och ett halvt år utvandrar, flyr hans äldsta bror Einar, 21 år gammal till Amerika. Far Anders Johan är fyllda 57 år, orkar inte arbeta, snart femtonårige Gunnar får axla rollen som familjens försörjare, stenhuggare. Äventyrlige, drömmande Einar söker det goda livet i Amerika som många berättat om. Han inställer sig inte till militär mönstring på Backamo, sviker familjens förväntan på honom som vuxen familjeförsörjare.

Anders Johan avlider år 1916, 59 år gammal åldertrött och sliten. Åke går folkskola, 100 meter hemifrån och börjar, som andra pojkar arbeta i tioårsåldern efter skoldagen på stenhuggeriet, slår kilhål, hämtar och lämnar verktyg på smedjan och inte minst nödvändigt att gå med mat till Gunnar så han kan arbeta och inte lägga onödig tid på att gå hem för att äta.

Då Åke gått ut obligatorisk folkskola börjar han arbeta som fullfjädrad gatstenshuggare. Efter några år kommer depressionen och stenhuggare på Malmön har inte arbeten att gå till. Nödhjälps-arbeten erbjuds, hamnar, kajer, vägbyggen och andra arbeten. Hemma på Malmön startar idrottsföreningar och Åke spelar fotboll och är med i gymnastikföreningen. Åke inser att stenhuggeri inte är framtiden. Han börjar år 1936 på verkstadsskolan, tapetserarlinjen i Uddevalla. Tio välklädda, blivande tapetserare på skolfoto år 1936,

Åke med mörk slips, vit skjorta och V-ringad, ärmlös tröja. Läraren mörk slips, vit skjorta och vit förmansrock. Åke ritar färglagda förslag till fåtöljer, interiörer, tillskärningsmönster till rundbågsdrapering, empiredraperi med tillskärningsmönster, rokokogardin m.m. Stillära, gardinuppsättning och kalkylation står på schemat utöver praktiskt tapetserararbete. Maj år 1940 är Åke utlärd tapetserare, får silvermedalj och diplom med text: "Sveriges Hantverksorganisation tilldelar genom Uddevalla Hantverks- och Industriförening eleven vid Uddevalla verkstadsskolors avdelning för tapetserare, Åke Magni Torvald Karlsson silvermedalj och diplom såsom utlärd arbetare inom tapetseraryrket." Silvermedalj framsida kungaporträtt med text: "Till yrkenas förkofran Å M T Karlsson Uddevalla 15 april 1940" Baksida text: "Gustaf V Sveriges Hantverksorganisations beskyddare"

Åke spelar fotboll och fridrottar på ledig tid i Uddevalla, föreningarna Oddevold och Kroppskultur. Längtan hem till Malmön gör sig ständigt påmind och då tränar han tillsammans med kamrater i Malmöns Gymnastikförening. Föreningen reser till Lingiaden på Stockholms Stadion, tiotalet unga gymnaster, uppväxta på Malmön åker förväntansfulla till huvudstaden, först passagerarbåt till Göteborg och därifrån tåg till Stockholm.

Tjugonde juli år 1939 invigs Lingiaden på Stockholms stadion. Syftet med denna internationella gymnastikuppvisning är att fira 100-årsminnet av den svenska gymnastikens skapare Pehr Henrik Ling. Evenemanget organiseras av Svenska Gymnastikförbundet med deltagande av 7 399 gymnaster från 37 länder. Tyskland sänder 1 000 deltagare, vilka gör Hitlerhälsning före och efter sina uppvisningar. Lingiaden kallas också Fredsolympiaden.

Den 1:a september år 1939, en månad efter Fredsolympiaden anfaller Tyskland Polen och andra Världskriget är ett faktum.

Efter yrkesskolan i Uddevalla och ett par års militär beredskapstjänst arbetar Åke som tapetserare i Uddevalla och Alingsås. Semesterveckan år 1942 åker Åke hem till Malmön. Här är det tyst i bergen och stenhuggarna strejkar, vägrar att hugga sten som Hitler beställt till blivande huvudstaden Germania. Stenhuggare på andra platser i Bohuslän hugger "Hitlersten" för att få pengar till mat på bordet … ett svårt val.

Åke bor ute på Draget hos sin bror Gunnar, hans fru Ester och deras två söner Carl-Gunnar och Harley. Åke träffar en gammal skolkamrat, Lars som flyttat från Malmön till Göteborg. Lars visar Åke en tidning, Svensk Motortidning nr 28 och slår upp sidan med rubriken: "En pärla i Bohuslän." Du måste läsa, köpte tidningen, jag arbetar med bilar, nya framtidsyrket, bra betalt och arbetar på Volvos fabrik, vi tillverkar bilar sedan år 1940, du måste köpa en Volvo, visst är det roligt skrivet. Åke läser leende:

"En bland Bohusläns vackraste platser är Malmön, som hittills gått fri från den moderna tidens besmittelser i form av mondänt restaurangliv, jazzkakafonier eller bullrande swingmusik. Man har här icke, som på andra håll, gått den tyvärr alltför lättvindiga vägen att locka turister: att först smälla upp en stor hotellbarack i bästa snickarglädjestil och en restaurang med fula glasverandor och först långt senare börja erinra sig att det kanske finns andra önskemål från badgästpublikens sida, som man borde komma ihåg."

Ja, å vilka konstiga ord, jazzkakafonier å modänt, jag har fått arbete som tapetserare i ett litet samhälle i Småland som heter Åseda och ska flytta dit i augusti. Hoppas vi träffas igen!

Åke trivs inte i Åseda och flyttar efter ett år till nordvästra Skåne, Örkelljunga. Här får han många jämnåriga idrottande arbetskamrater. Utanför möbelfabriken ligger Hjälmsjön och rutinen är dopp på middagsrasten i sjön året runt. I Örkelljunga träffar han en trevlig, attraherande flicka vid namn Allis, hon arbetar i klädaffären.

Lemmeshult, fr.v. Allan, Allis och Klara, senare delen 1920-talet

Hushållsskolan i Örkelljunga. Allis nedre raden, andra från vänster, mitten av 1930-talet.

Utanför egna huset på Draget, från vänster: Davida 41 år,
Åke 4 år och Anders Johan 58 år.

Drygt tjugoårige Åke, andre man från vänster på nödhjälpsarbete
under "Den stora depressionen" under första halvan av 1930-talet.

En son av bygden, slaktoxar å rika lingonskördar

Av Grosshandlare Carl F. Jonasson, i samband med Smålandsmässan 1951

Bestyrelsen för Smålandsmässan i Lamhult har önskat att jag med några ord försöka redogöra för hur Lamhults samhälle växt upp, och såsom en son av bygden och alltså med god kännedom om förhållandena under snart en mansålder har jag gärna velat tillmötesgå denna bestyrelses önskan.

I min tidigaste barndom, det vill säga i slutet av förra århundradet och i detta sekels början, var Lamhult, frånsett järnvägsstationen, icke någon särskilt betydande plats. Mest var Lamhult då känt i trakterna på grund av den vackra herrgården, vilken då beboddes och brukades av kaptenen Georg Gyllensvärd. Med sin yttergårdar, varav Ljungsberg, Grevaryd och Mössjöås voro de största, samt övriga tillhörande mindre gårdar och torp utgjorde hela herrgården på den tiden ett betydande jordbrukskomplex. Efter den tidens förhållanden drev ägaren där ett synnerligen högt uppdrivet jordbruk, som åstadkommits dels genom stora nyodlingar, vilka kunnat iordningställas genom att sjöarna runt omkring Lamhult till viss del hade sänkts, och dels sköttes den förut befintliga åkerjorden på gården mycket väl. På gården funnos 90 – 100 kor, 8 – 10 par oxar, 9 hästar samt smådjur. Icke endast åkerbruket drevs högt på gården. Trädgårdsanläggningarna voro betydande, och den stora parken hölls även i ett mycket välvårdat skick.

Att såväl jordbruket som andra anläggningar på gården kunde hållas på så högt plan är ej så svårt att förstå, då man betänker att 40 – 45 talet dagsverkare och torpare regelbundet gjorde sina dagsverken på gården, och då det understundom kallades till s.k. "storsamling," varvid även de utarrenderade gårdarnas folk voro skyldiga att närvara, kunde arbetsmannarna uppgå till ett 130-tal.

När herrgårdens välgödda slaktoxar framkommo till traktens marknader i Växjö, Vrigstad och Moheda (Lamhults marknad fanns ej då), väckte dessa alltid en viss sensation hos marknadsbesökarna, och västgötauppköpare m.fl. konkurrerade skarpt om att bli ägare till praktexemplaren.

Då bönderna från trakten skulle inköpa någon fin "påläggning" för att utöka sin kreatursbesättning, skulle denna kvigkalv oftast inköpas från herrgården. Denna kalv blev i regel framdeles den nye ägarens största och finaste ko och fick hederstiteln "herrgårdskon" till skillnad mot de andra små korna.

Om således herrgården vid tiden omkring förra seklets slut var den centrala och omtalade platsen i Lamhult, så var för övrigt själva samhället, som förut nämnts, ej av någon betydenhet. De byggnader som då fanns voro förutom järnvägsstationen med bostadshus den s.k. "Bobergs krog," där öl och mat serverades, Lyckanshöjd, en butiksfastighet, smedjan samt det s.k. Pilatorpet. Emellertid hade Lamhult redan då förutsättningar för att bli ett naturligt större centrum. Stambanan skars här nämligen av den stora landsvägen "kungsvägen" kallad och ägaren till Ohs Bruk hade några år förut låtit anlägga en större väg, bred väg, 17 km lång, från Ohs Bruk i Gällaryds socken till Lamhult i avsikt att på denna väg framforsla trämassa från bruket. (Efter anläggandet av denna väg anlades en tullstation vid Klippan strax intill Flohult med spärr över vägen, och viss avgift fick erläggas av trafikanterna för användning av vägen till Lamhult.) Vidare fanns redan då vägar fast i sämre skick, dels från Asa och dels från Stockaryds socken fram till Boo. Genom att Lamhult alltså redan från början hade ett betydande tillförselområde från bygderna, började handeln redan då på ett ganska tidigt stadium göra sig gällande. Tyska köpmän infunno sig regelbundet om höstarna och inköpte till efter förhållandena goda priser traktens rika lingonskördar. Lingonlådorna i vagnslasterna voro till största delen märkta med bokstäverna "BO" emedan den störste svenske lingongrossören på platsen bodde på Boo gästgivargård.

Skogstillgångarna i orten voro ju även betydande, och olika trävaruhandlande började att slå ner sina bopålar i samhället och göra uppköp, trots att avsättningsförhållandena understundom voro rätt besvärliga. Dock började så småningom en ganska stor export av större huggna bjälkar och även s.k. "sparrar" att göra sig gällande. Det var huvudsakligen till Danmark dessa sortiment försåldes, och efter hand utökades handeln med danskarna. Avsevärda massor av björkkubb började även att uppköpas och lastas. Genom denna ganska betydande trävaruhandel började en icke föraktlig penningtillförsel komma traktens jordbrukare till godo. Tidigare var penningtillgången mycket knapp.

Men icke endast skogsprodukterna behövde försäljas. Även traktens kalvar, grisar, smör, ägg, vilt och kräftor skulle avyttras, och efter hand började i Lamhult en betydande köpenskap göra sig gällande av dessa varor.

Köpmännen uppförde i regel egna fastigheter och på så sätt började bostadsbebyggelsen komma igång. Genom att uppköpsverksamheten drevs så intensivt, ökade penningtillgången efter hand och behovet av nya affärer på platsen gjorde sig gällande. Speceriaffärernas antal ökades i raskt tempo. Specialaffärer av olika slag, såsom järn-, manufaktur, och möbelaffärer tillkommo. En mängd kaféer startades och hotell uppfördes. Genom det livliga handelsutbytet blev behovet av handelsbank aktuellt. Bankexpedition upprättades och fick god start. Läkare och tandläkare började hålla regelbundna mottagningsdagar i Lamhult. Bönderna i trakten, som förut då de avyttrade sina jordbruk brukade taga undantag på dessa, köpte nu i stället tomt i samhället och uppförde egna villor åt sig till bostad på ålderdomen.

Genom att Lamhult alltså redan från början hade ett betydande tillförselområde blev det den därav uppkommande köpenskapen som från början lade grunden till samhällets raska utveckling.

Först vid 1920-talets början, det vill säga för ett 30-tal år sedan, började samhället industrialiseras och först då började sin verksamhet (fastän kanske med lite besvärligheter i början) blev samhället efter hand mer och mer bebott.

Genom inflyttningen blev bostadsbyggandet en nödvändig och ofrånkomlig sak, och en stor del vackra bostadshus uppfördes varje år. Genom denna stora byggnadsverksamhet samt ytterligare inflyttning ökade givetvis också handelsomsättningen i samhället och ytterligare nya affärer tillkommo. Affärernas antal uppgår för närvarande till nära 50, och så gott som alla branscher äro representerade. Konkurrensen om kunderna är stor och betjänandet är utmärkt. Alla vill söka sig till Lamhult till följd av affärsmännens goda service. Inom samhället finns för närvarande 17 större och mindre möbelindustriföretag, fem sågverk, mekanisk verkstad, två bilverkstäder, textil- och läderindustri, konfektions- samt backelit-fabriker m.fl. Inom samtliga industrier arbetas för högtryck, och inkomsterna tycks vara goda för såväl företagare som de anställda. Samhället upplever alltså f.n. en god tid. Bankernas antal i Lamhult uppgår nu till fem, häri inräknat den nystartade jordbrukskassan. Samtliga bankinrättningar mottaga samhällets och traktens besparingsmedel och förränta desamma med högsta gällande ränta. Om lånebehov skulle föreligga, visa sig samma institutioner även välvilliga. Samhällets två välskötta hotell erbjuder resande först-klassiga rum samt god och vällagad mat.

Trots att samhället bjuder god trivsel äro emellertid önskningarna för framtiden många. Främst står vatten- och avloppsfrågorna (utredning av dessa är emellertid redan utförd och statsbidrag begärt), större byggnadskvot så att bostadsbristen lindras, fortast möjligt uppförande av en välbehövlig busstation, upprättandet av nya busslinjer till Lamhult. För närvarande kommer in till Lamhult bussar från Nydala, Berg och Ramkvilla. Dessutom utgår mycket stort antal bussar från Lamhult till andra orter. Vidare behövs apotek, nytt mejeri, kyrka, församlingshem, prästgård, centralskola, hembygdsgård m.fl. officiella byggnader.

Men med den kännedom jag har om såväl Lamhults som hela bygdens idoga och duktiga befolkning är jag säker på att då nästa utställning hålles här, större delen av dessa önskemål äro förverk-ligade.

Man spottade i händerna å envetna smålänningar

Av Disponent Edvin Ståhl, i samband med Smålandsmässan 1951

De finnes som ännu minns Lamhult som blott en järnvägsstation, ett par affärer och några gårdar. Att här blev järnvägsstation berodde kanske på att vägarna stöter samman, kanske för herrgårdens skull och så skulle den ju ligga någonstans. Samhället har alltså inga traditioner att bygga på. Det har varit företagsamhet och uppfinningsrikedom som kännetecknat de män och kvinnor som byggt Lamhult.

En viss affärsverksamhet hade väl kommit igång åren kring sekelskiftet, men det var först omkring 1925 som man började bygga små fabriker och verkstäder. Samtliga var små och starten var försiktig. Varje företagsledare arbetade i fabriken på dagen och skötte affärerna som en hobby på kvällen.

Många hade kommit igång just när 30-talets depression satte in. Det var en tid då många solida företag gick omkull. Här i Lamhult slogo vi oss igenom krisen, om än med svårigheter. Om vi skulle berätta om timlöner, arbetstimmar och försäljningspriser skulle man ha svårt att tro oss, fastän det icke är mer än 20 år sedan. Men så här efteråt tror jag att motgångarna även haft sin betydelse, man spottade i händerna och grep nya tag. När det sedan lättade var vi beredda att ta de nya chanserna. Gamla företag har moderniserats och nya har satts igång och det har hela tiden varit ett sjudande liv, som ett nybyggarsamhälle. Bostadshus, affärer, industrifastigheter och gator har byggts i rask takt.

Det är intressant med Lamhult så till vida att det icke varit några storföretag eller kapitalister som satt igång, utan initiativet har främst kommit från hantverkare och bygdens söner, för vilka det ej funnits någon plats därhemma. Och allt eftersom erfarenheterna ökats har rörelserna utvidgats. Lamhult har således blivit ett exempel på vad envetna smålänningar duger till.

Lamhults Hantverks- och Industriförening är en sammanslutning av traktens yrkesmän, och dess medlemmar äro väl representerade på Smålandsmässan.

Fast möbelindustrin dominerar här i Lamhult finnes även andra tillverkningar företrädda. En utveckling som skulle giva oss ytterligare variationer, är dock ett av morgondagens önskemål.

Det unga Lamhult som har vuxit upp under de senaste årtiondena, bygger och växer vidare. Var gränsen går för dess möjligheter vet man ej, men det synes som det vore långt dit.

Annons i programhäfte Smålandsmässan i Lamhult 5 – 8 juli 1951.

Grevarydsgatan, Fåtöljkompaniet å tre rum å kök

En arbetsklädd man står huttrande framför järnvägsstationen i Lammhult, lyfter armen och tittar på armbandsuret, lilla visaren pekar rakt åt höger som på stora stationsklockan. Tåget från Malmö kommet snart om tidtabellen hålls, fem över tre.

Tåget tutar ljudligt strax före stoppet i Lammhult, bromsarna gnisslar och tåget stannar sakta vid perrongen spår ett. Norr om stationen väntar södergående tåget på inväxling till spår två för att passera tåget söderifrån på spår ett, enda möjligheten att mötas är vid stationerna eftersom stambanan är enkelspårig.

Välkomna till Lammhult, jag heter Bertil Sandberg från Fåtölj-kompaniet och ni är Åke och Allis komna från Skåne?

Jo det stämmer.

Välkomna ... Bertil räcker fram handen till en rodnande och djupt nigande Allis ... välkommen!

Åke håller hatten i vänsterhanden ... Bertil och Åkes höger-händer möts, handslaget är trefaldigt och kraftfullt.

Jag föreslår att vi går till Grevarydsgatan där vi har en lägenhet till er ... ni kan ställa upp era väskor på min paketcykel bakom stationen ... jag tar med bröd, smör, ost, kaffe, havregryn och en liten kanna mjölk ... ni får lite i magen i eftermiddag och morgon bitti ... i kväll är ni bjudna till min kollega Eric Ståhl med fru på kvällsmat och information om Lamhult.

Tack så mycket ... Allis, Åke och Bertil går dryga kilometern ner till Grevarydsgatan.

Detta är stora vägen söderut mot Växjö och norrut går vägen till Jönköping. Stora vita huset uppe till vänster är Herrgården med stor ladugård ... i husen till höger bor arbetare på herrgården ... här uppe till vänster ligger marknadsplatsen ... livligt värre med många brännvinsosande besökare och knallar ... bråk å slagsmål ... har ni marknader i Skåne? ... Allis svarar blygt och tycks skämmas.

Jou vi har marken ... tvau gånger om året himma i Örkelljunga ... och nära te marknader i Våxtorp och Ängelholm ... min far Allan är korgmagare åu säljer sina korgar och kvastar pau marknaderna ... han cyklar te marknaderna me korgar och annat tyj på pakethållaren ... han säljer osså te bönnera himomkring å te en läderfabrik ... när jag va liden tös fick ja en påse marknadskarameller och iblann en docka om affärerna gått bra.

Till höger ser ni Lammhults Stol och Snickerifabrik kallas också Pinnen ... stort och fint hus ... jag och min kollega Eric var med och byggde fabriken ... vi satsade tusen kronor vardera ...vi tillverkade mycket pinnstolar och sålde till både England och Tyskland ... men efter några år slutade vi och startade eget ... Fåtöljkompaniet blev namnet eftersom vi gjorde huvudsakligen fåtöljer... det gick bra och vi gjorde då flera sorts möbler och nu ska vi snart ändra namnet till Effkå-Möbler. Bertil pekar över åkern till höger.

Ni ser en rad med likadana vita hus ... Grevarydsgatan och där ser ni andra huset från stora vägen häråt ... på andra våningen har vi en lägenhet till er ...

Så fint det ser ut ... jag har aldrig sett så granna hus ...

Kallas funkishus ... fyrkantiga och med alla moderniteter ... får se vad ni tycker när vi kommer fram ... nere till vänster ser ni bondgården med ladugård bakom och där kan ni köpa färsk mjölk varje kväll ... och kött vid slakttid ... annars finns det mataffärer nere i samhället ... vi brukar säga att Grevarydsgatan är gräns mellan bondesamhälle och industrisamhälle.

Förväntansfulla går Allis och Åke in på Grevarydsgatan, vid andra huset till höger stannar de till och betraktar beundrande huset som ska bli deras första egna hem. Bertil leder, lätt stönande in lastcykeln på grusgången fram till trappan.

Vad säger ni? ... ni har lägenheten på andra våningen ... jag låser upp ytterdörren och vi bär upp väskorna tillsammans.

Väskorna bärs upp, två tunga resväskor vardera för hyresgästerna och en tung pappkartong av företagaren, Bertil. Uppe på andra våningen sticks innerdörrsnyckeln in i låset och vrids åt vänster.

Välkomna och stig in! Nygifta paret Karlsson stiger försiktigt in i hallen, tar av skorna, tittar tysta och häpna sig omkring. Bertil går leende efter.

Ställ väskorna här i hallen och jag visar er, gå in till höger. Detta är köket och här står elektriska spisen med fyra plattor ... på väggen ovanför spisen sitter vädringsluckan ... översta luckan framtill på spisen är bakugnen ... dörren där borta är till skafferiet ... här är diskbänk med kallt och varmt vatten ... varmvatten får ni när ni eldar pannan i källaren ... vi går ner i när vi är klara här uppe ... vi har ställt in ett par pinnstolar och ett köksbord ... vad tycker ni?

Sån här lyx har vi inte sett tidigare och kan Sandberg visa hur elektriska spisen fungerar?

Ni behöver inte säga Sandberg, säg Bertil ... instruktioner till spisen ligger på diskbänken ...nu går vi till badrummet.

Här är badrummet ... handfat med kallt och varmt vatten ... badkar med dusch med kallt och varmt vatten ... när pannan i källaren är varm ... och vattenklosett ... nu går vi till de andra rummen.

Ni ser själva ... här har vi ställt in ett par sängar med madrasser och kuddar ... där är dörren till balkongen ... i stora rummet står en ny soffa och ett litet soffbord ... soffan har små fläckar på baksidan, vi kan inte sälja en soffa med fläckar ... i alla rummen finns värmeelement under fönstren ... med reglage ... där ställer ni in värmen ... under vintern måste ni elda varje dag så det blir varmt inne ... jag berättar mer om värmen när vi går ner i källaren ... det går en trappa upp till vinden och ni kan själva titta upp sen ... tänk bara på att ni har bara en långsida att ställa upp saker på ... andra sidan har de som bor nerepå ... nu går vi ner i källaren ... gå försiktigt i källartrappan, den är brant.

Här är pannrummet, tillsammans med de som bor i andra lägenheten skaffar ni ved, sågar och klyver, eldar när det behövs.

Här nere har ni också tvättstuga, torkrum och matkällare, är det något ni funderar över? Om inte ... Åke...vi träffas i morgon bitti på Fåtöljkompaniet ...

Klockan är sex på morgonen, väckarklockan på golvet larmar högljutt, det är dags att stiga upp. Åke vaknar abrupt efter första natten i lägenheten på Grevarydsgatan. Skäggstubben rakas noggrant av, ansiktet tvättas med kallt, uppfriskande vatten, håret kammas på plats och en sista blick i badrumsspegeln.

I köket står Allis, yrvaken och tyst. Kaffet är bryggt och grova smörgåsbrödet är skuret i tjocka skivor, nykokt havregrynsgröt, mjölk, ost och smör står på köksbordet.

Ska du ta med smörgåsar till fabriken?

Ja ... snällt om du brer ett par ostsmörgåsar till förmiddagsrasten. Jag har middagsrast mellan ett och två ... kommer hem tio över ett ... vad blir det till middag?

Det blir en överraskning ...

Åke går med långa, raska steg efter "morronmaden" som man sa i Skåne ner till första dagen på Fåtöljkompaniet.

Eric Ståhl och Bertil Sandberg berättar om företaget, här ska Åke arbeta som möbeltapetserare.

Vi har skrivet ett förslag till anställningskontrakt ... läs igenom noga och skriv under om tycker att förslaget är bra. Åke läser noga, eftertänksamt och skriver under båda exemplaren.

Då skriver vi också under kontrakten och du får ett ... nu är du anställd här ... anställningen bekräftas med två ordentliga handslag.

Åke ... du har arbetat förr ... det var ett rejält handslag ... nu ska Eric berätta om Fåtöljkompaniet.

Jag och Bertil slutade på Lamhults Stol- & Snickerifabrik för fem år sedan, vi var med och startade Pinnen och lärde mycket, men vi kände båda två att vi skulle starta eget å så blev det å vi började tillverka fåtöljer nere i byn ... en hyrd lokal år 1943 ... efterfrågan på fåtöljer ökade ... vi bygger då eget å det är här vi är nu ... å med dej Åke och oss är vi tolv som arbetar här.

Funkishus under byggnation på Grevarydsgatan, troligen år 1948.
Foto AC.821 Nordiska Museet.

Jag ser dagens ljus å mina första år

Jag, Jan-Åke ser dagens ljus och föds den 5:e juni 1949, jag har inte egna minnen från mina första fem år. I efterhand har jag fått berättat en del om barndomen på Grevarydsgatan, i gränslandet mellan bonde- och industrisamhället i Lammhult.

Ett par hundra meter sydöst ut ligger gården Grevaryd, hundra meter söderut Nicklassons gård, norrut Stol & Möbelfabriken. Äng och skog väster Grevarydsgatan mot järnvägen.

Mamma Allis är fullt sysselsatt dygnets alla ljusa timmar. Jag behöver tillsyn, stimulans, matas, få blöjorna bytta, följa med till affären i barnvagn och tröstas när jag gråter eller i sällsynta fall skriker. När jag sover dagtid bakar hon och städar, tvättar blöjor och mycket annat som hon lärt sig på hushållsskolan i Örkelljunga, sömnad, städning, ekonomi, matlagning och lite om barns skötsel

Jag får komma med ut i trädgården när vädret är bra. Här har vi ett par hundra kvadratmeters trädgårdsland med potatis, morötter, rödbetor, dill och persilja. Potatis sätts, kupas och tas upp. Frön sås vid rätt tidpunkt och skördas när det är dags. Vid torka hälls ett par kannor med vatten på. Vid staketet mot grannen växer rabarber, vinbärs- och krusbärsbuskar.

Efter en tid i Lammhult köper Åke en Luxor radio, placeras på bänken bredvid fönstret mot norr i stora rummet, bäst mottagning här och vägguttag bakom. Varje kväll är radion påslagen, nyheter och väderleksrapport är ett måste, låg volym så paret i lägenheten under inte störs. När jag fötts blir det mindre tid för radiolyssnande, en arbetskamrat på Effkå-Möbler berättar entusiastiskt om radioprogrammet Karusellen, ett program på lördagskvällar.

Jag sover gott i barnsängen och sovrumsdörren står på glänt, slås radion på med lagom, låg volym och stationen justeras efter flytt av antennsladden några gånger, inga störningar.

Välkomna till radioprogrammet Karusellen, jag heter Lennart Hyland och är er programledare. Vi sänder från Karlaplansstudion här i Stockholm och vi sjunger nu vår signaturmelodi Jungfru Skär.

Jungfru jungfru jungfru jungfru kär
Här är karusellen
Som ska gå till kvällen
Tio för de stora och fem för de små
Skynda på skynda på
Nu ska karusellen gå
För ha ha ha
Nu går det så bra
För Andersson och Pettersson
Och Lundström och jag
För ha ha ha
Nu går det så bra
För Andersson och Pettersson
Och Lundström och jag

Jungfru jungfru jungfru jungfru kär
Här är karusellen
Som ska gå till kvällen
Tio för de stora och fem för de små
Skynda på skynda på
Nu ska karusellen gå
För ha ha ha
Nu går det så bra
För Andersson och Petersson
Och Lundström och jag

Teatrar och biografer lägger om föreställningar, restauranger och taxi får inte några kunder under Karusellens sändningstid. Efter påtryckning från biografägare tidigareläggs radioprogrammet.

Ett Karusellprogram med många lyssnare är då bandyspelaren Gösta "Snoddas" Nordgren framträder 26 januari 1952. Snoddas spelar bandymatch för Bollnäs mot Hammarby dagen efter. "Jag får tänka mig att jag har forsen till komp" säger Snoddas och får ett F-ackord från pianot och börjar sjunga. Flottarkärlek blir en stor hit och Snoddasfeber bryter ut i Sverige. Flottarkärlek skriven av Hugo Lindh:

Jag var ung en gång för längese'n en flottare med färg
Alla jäntor var som vax uti min famn
I alla torp i alla byar hade jag en liten vän
Ifrån Norderås till delet nervid Berg
Haderian hadera haderian hadera
Ifrån Norderås till delet nervid Berg

Jag har spelat på mitt handklaver … o. s. v.

Jag har spelat sommarnätterna till dans vid Rimbo bro
Jag har dansat med den vackra Maj i Nås
Jag har svurit blonda Anna evig kärlek evig tro
Medan lägerelden falnat invid Ås
Haderian hadera haderian hadera
Medan lägerelden falnat invid Ås

Jag har spelat för de kära där som norrskensflaggor gå … o. s. v.

Medan stjärnorna gått vakt på himlens päll
Jag ska spela på mitt bälgaspel så länge jag finns till
I min koja invid Rekaforsens fall
Jag ska drömma jag ska älska jag ska sjunga om jag vill
Medan månen över moarna går vall
Haderian hadera haderian hadera
Medan månen över moarna går vall

2 623 kapsyler, två spår å Celest skådespel

Jag är nu i femårsåldern och mamma börjar med hemarbete. Grannen, familjen Rydblom från Skåne, driver bakelitfabrik på Udden i en kreaturstom ladugård, tillverkar kapsyler och lock till medicinflaskor och burkar.

Bakelit, fenolplast en osmältbar härdad plast, första plasten som framställds i industriell skala, uppfanns av Leo Baekeland, USA.

I Rydbloms källare står papplådor med tusentals bakelitkapsyler, dels färdiga för leverans till medicinföretag och för komplettering med plastkona eller korkskiva.

Allis hämtar hem fränt luktande, fulla kapsyllådor. Med tummen trycks en plastkon på tappen inne i kapsylen, efter några hundra intryckta konor ömmar tummen och arbetet pausas. Jag behöver tid med tillsyn, lek, mat och hushållet kräver städning, tvätt, matlagning inköp m. m.

Efter några dagar är kapsylerna färdiga och räknade. Lådan med papperslapp överst, 2 623 kapsyler bärs till Rydbloms källare.

Ett av mina första minnen från fyra, femårsåldern är min nya, röda, trehjuliga trampcykel med flak, svårtrampad på grusgången.

Pappa Åke har fått annat tillfälligt arbete. Han, som många andra vid möbelföretagen i Lammhult är utlånade ett par månader till Statens Järnvägar, Södra stambanan byggs ut med ett andra spår, dubbelspår på sträckan Rörvik – Lammhult – Lidnäs.

Företagarna har ställt sig positiva till att låna ut arbetare, bra kommunikationer är förutsättning för Lammhults expansion.

Från Effkå-Möbler är några tapetserare utlånade och avlönas med bra timpeng av SJ. Spade eller skyffel används vid avlastning, planering av grusmassor och justering av slänter.

Åke, med egen erfarenhet av kroppsarbete trivs utomhus som kontrast till tapetserarjobbet. Halv sju går Åke till arbetet söder Udden mot Altona, efter ett par månader slutar arbetet med dubbelspåret och Åkes arbetsplats är nu åter Effkå-Möbler.

Pappa kommer, på cykel hem kvart över elva till middag, två timmar tidigare än vanlig tid, klockan ett. Mamma vet om att han kommer hem tidigt idag och maten står på bordet, köttbullar och kokt potatis med lingon och redd sås från stekpannan. Efter en rask måltid går i ut i trädgården och vid staketet står grannen Elof Svensson med familj. Elof har sotat ett tiotal glasbitar som han delar ut till alla som samlats, han talar med bestämd röst om att alla måste titta genom den kolsvarta glasskivan när vi tittar mot solen och förmanar min pappa att hålla ett öga på mej, bara fem år gammal. Elof harklar sig:

Jag läser några intressanta stycken ur en bok som heter: Dagmörkret över Sydsverige och skriven av Knut Lundmark.

"Ärade och kära landsmän och landsmaninnor! ... Minst $1^{1/4}$ million svenskar äro bosatta inom totalitetsbältet vid den totala solförmörkelsen över Sydsverige den 30 juni 1954 och får sålunda bevittna detta celesta skådespel så att säga alldeles gratis. ... Man kan dessutom vänta sig en väldig tillströmning till totalitetszonen av turister från när och fjärran. ... Det största turistevenemang som vi någonsin haft inom vårt lands gränser! ... 1954 års förmörkelse varar maximalt under 155 sekunder inom Sverige. ... Befolkningen inom den totala förmörkelsezonen uppgår till ej mindre än 1 326 500. ... Naturligtvis är det också så, att de spädaste åldrarna inte kunna ha något utbyte av förmörkelsen. Men å andra sidan behöva barn inte vara särskilt gamla för att uppfatta det märkliga med ett sådant fenomen. ... Ja nu visste man ju redan i Gamla Testamentet, att världsalltets högste styresman låter sin sol skina över både onda och goda. Därav följer även, att förmörkelsen måste kunna iakttagas av båda dessa kategorier. Men vi ämnar nu inte ingå på åskådarnas moraliska kvalifikationer, utan vad som bör sägas är, att den genom gravitationslagens framkallande förmörkelsen lyser opartiskt över stadsbor och landsbor. Det blir mer än 750 000 av landsbefolkningen som får del av det celesta skådespelet. ... Därav ser man nyttan av att äga ett tättbefolkat och högt kultiverat land som Sydsverige!" Märker ni nu att det mörknar ute, titta inte mot solen utan att hålla sotade glasskivan mot solen, ögonen kan skadas för all framtid.

Det mörknar snabbt, beckmörkt som en mulen höstnatt och fågelsången tystnar, alla står stumma och från andra trädgårdar hörs ängsligt gråtande kvinnor och barn. Själv håller jag mamma i handen. Efter några minuter kommer gryningsljuset och fåglarna börjar sjunga igen, några gula citronfjärilar flyger med snabba vingslag. Elof tycks tagen av stundens sällsamhet, med svag röst:

Alla ska ha stort tack för att ni har hörsammat min förmaning, att ni inte tittat på solen utan svärtat glas. Nu är det som vanligt igen och jag säger er att detta var den enda solförmörkelsen vi får uppleva i våra liv, gamla som unga. Läste i boken, "Dagmörkret över Sydsverige den 30 juni 1954," att nästa solförmörkelse här år 2126 å de är om etthundra å sjuttiotvå år. Du lelle Jan-Åke har nog inte firat födelsedag femte juni då … hur gammal är du då? Jag vänder mej mot pappa och tittar undrande upp mot hans ansikte, Åke tycks fundera en stund och säger sen leende:

Du fyller då etthundra och sjuttiosju år … etthundra och sjuttiosju år … då är du gammal. Äter du upp maten varje dag så kan du nog bli så gammal. Eller … vad säger farbror Elof?

Jo du lille pojk Jan-Åke, det blir många, många födelsedagar och julaftnar då tomten kommer å han är också gammal … två hundra år … minst.

Lekkamrater på Grevarydsgatan, jag i mitten.

Ernst i hatt och Åke med bar överkropp, två tapetserare från Effkå-Möbler arbetar tillfälligt som "rallare" söder om Lammhult. Södra stambanan byggs ut med ett andra spår, blir dubbelspårig.

Klädkartong, toscakaka, stelkramp å satans ungar

Vi är tiotalet jämnåriga barn på gatan, pojkar och flickor. Gatan och trädgårdarna är våra lekplatser. Vi pojkar spelar fotboll mellan vedstaplar, leker cowboys och indianer i skogen, tafatt och gömme med flickorna i trädgårdarna. Flickorna leker själva med sina dockor, mycket barnsligt tycker vi pojkar.

Vi pojkar tillverkar leksaker, fotbollsmål, höjdhoppsställning och kojor av spillvirke från möbelfabrikerna. Från skogen hämtas ämnen till pilbåge och pilar, med bestämd och uppfostrande röst blir vi tillsagda av papporna att inte sikta mot ansikten.

Kvällar, vintertid åker vi spark på gatan, nerför i hisnande fart och snabbt springer vi upp med sparken och ner igen.

Ingen pojk på gatan har ett dyrt hockeyspel, då knåpar vi själva ihop ett hemma hos oss. En klädkartong från Sjöbergs delas, hörnen tejpas ihop, linjer ritas med linjal och med en liten rund konservburk som mall, små kartonger blir målburar, en och en halv decimeter långa klubbor skruvas ihop från mekanolådan, en skivad rundstav blir puck. Spelet är engagerat, hetsigt och högljutt.

Ett noll till mej ...

Näää ... offside ... noll noll.

Orienteringsklubben arrangerar dans och maskerader i Folkets Hus. Pappa Åke och några till orienterare förbereder B-salen under lördagseftermiddagen inför kvällens dans. Salen dekoreras, kulörta pappersgirlanger och ballonger i taket. Bord och stolar till kaffeserveringen ställs in, pappersdukar läggs på borden och åtta stolar ställs med centimeternoggrannhet runt borden. Ibland följer jag med pappa och får till uppgift, tillsammans med andra barn att blåsa upp hundratals ballonger, slå en hård knut, luften får inte pysa ut. Några för hårt uppblåsta ballonger smäller varje gång till glatt jubel.

Jag sover när pappa Åke kommer hem från ideellt arbete som dansarrangör. På morgonen berättar han om en lyckad kväll, med en bra nystartad dansorkester. Ingemar Nordströms från Växjö lockade många danssugna, lapp på luckan.

Ingmar Nordströms dansorkester bildades av orkesterledaren och saxofonisten Ingmar Nordström. Första spelningen ägde rum i Eringsbodas Folkets park.

Mamma Allis är känd på gatan för sina goda smörgåsar. När grannar och orienteringsfamiljer är inbjudna serveras oftast två smörgåsar till vuxna, ofta en med skinka och mimosasallad, en med ägg och sill. Vi barn äter ostsmörgås och hembakade kanelbullar. Vuxna dricker kaffe och barnen dricker hemkokt jordgubbssaft.

Så goda och fina smörgåsar … vem har lärt dej?

Lärde på hushållsskolan och av mor Klara … eller som vi sa i Skåne … smörmadar. När vi hade gille hemma bjöd mor på smörmadar å en kaga etter. På julagille hade vi möe lajad mad på bordet. Nu är toscakagan klar …

Så god toscatårta, vi får tacka för allt gott vi fått och så trevligt att träffas… klockan är snart halv tio.

Spännande dag, nu börjar ett nytt skede i mitt liv. Mamma och jag går till Grevaryds skola, jag börjar första klass i folkskolan. Lärarinnan bockar av mitt namn, Jan-Åke Karlsson i klassboken.

Välkommen till första klass … har du tränat å läsa?

Lite kan jag läsa … jag tränar … frågar mamma om orden i Kalle Anka.

Du verkar vara en duktig gosse … din skolbänk står längst ner i högra raden … i morgon går vi igenom allt här i skolan … vi börjar klockan nio och håller på till tolv … raster efter varje timme … då ska ni vara ute på skolgården … är det något som du eller din mamma funderar över?

Nä … inte vad jag kan komma på … hur många är det i klassen?

Femton, tolv flickor och tre pojkar … ingen från Grevarydsgatan … kanske du känner igen någon i morgon.

Det är roligt i skolan, bäst när vi ritar. Kamraten Tomas bor nära pappas arbete och Gert bor vid viadukten, hans pappa är fotograf.

Vi har en snäll katt hemma och när jag går hem från skolan en marsdag träffar jag på Misse och försöker locka med honom, en hankatt hem, han lyder inte, fångar katten och bär honom ett stycke. Katten blir vansinnig och biter sig fast runt min vänstra handled och där hänger Misse hela vägen hem. Mamma är förskräckt och lockar Misse med fet komjölk, katten släpper taget, blodet rinner ymnigt från handleden, kattänderna hittade pulsådern. Nu sätts jag i barnsadeln på mammas cykel och åker i ilfart ner till doktor Wide. Såren baddas med något starkluktande och bandageras med vadd och gasbinda, läkarbesöket avslutas med en grov stelkrampsspruta.

På rasterna spelar pojkarna ofta fotboll mellan ekarna på marknadsplatsen strax norr om skolan. Flickorna hoppar rep eller hage på grusplanen framför skolhuset. Under gymnastiktimmarna spelar alla brännboll när det inte regnar, då ändras schemat till inomhuslektion och brännbollen tas fram när regnmolnen lättat. Gymnastiksal finns inte längre i skolan, nu ombyggd till skolsal.

Första examensdagen doftar skolsalen av liljekonvalj och läsåret avslutas med en sommarpjäs, flickorna är blommor och vi pojkar är solstrålar.

Äldre pojkar på Grevarydsgatan lockar oss smågossar till diverse oförargligt bus, inget slås sönder, inget skadas och ingen retas.

Vi lägger ut en liten kartong, inslagen i brunt omslagspapper på landsvägskanten med snöre in i buskarna där vi gömt oss. Vi ligger spända, inkrupna under några buskar bakom diket, bromsljud hörs, en stor lastbil stannar, lådan dras snabbt in. Ur hytten hoppar en ilsken chaufför och över diket. Vettskrämda springer vi ner till vår källare och gömmer oss. Utifrån skriker en vansinnig chaufför.

Satans ungar … när jag får tag i er …

Den kvällen sitter jag tyst hemma, läser Tjalle Tvärvigg i Allers.

Grevaryds skola, andra klass och jag längst bak till höger.

Provar tekniska konstruktionen, Dan, jag och Gert.

Draget, Lemmeshult å slitna träbonnaskor

Jag åker första gången med mamma och pappa till Malmön i Bohuslän, ön där pappa föddes år 1911, växte upp och har inte varit hemma på ön sista femton åren. Vi åker när pappa har ett par veckors semester från Effkå-Möbler.

En vecka före resan går pappa Åke till järnvägsstationen och köper en tjock katalog, en kommunikationstabell. Hemma i lägenheten vill han sitta i lugn och ro, resan till Malmön planeras. Tåg från Lammhult till Nässjö, byte tåg till Falköping, byte tåg till Herrljunga, byte tåg till Uddevalla, byte tåg till Hallinden och resan avslutas med buss till färjeläget vid Tullboden och färja till Malmön.

Ett par veckor tidigare skrev Åke brev till bror sin Gunnar på Malmön och berättade om besöket. Jag har inte åkt tåg tidigare och resan blir en upplevelse, sitter nära fönstret och tittar storögt på allt som rusar förbi.

Pappa ... det står en stor älg uppe på berget ... ser du?

Det är ingen riktig älg ... en målad, utsågad träskiva uppe på Halleberg ... vi är snart i Uddevalla.

Nu börjar äventyret, vi åker färja sju hundra meter till Malmön. Tidigare var enda möjligheten att åka med Bohussnipa från Slävik, norr Lysekil till ön.

Vi bor hos Åkes bror Gunnar och hans fru Ester på Draget, södra delen av ön. Gunnar arbetar som stenhuggare, tio år till pension och enda möjligheten till arbete på ön.

Nu öppnar sig en sagovärld för mej, lär mej simma i saltvatten, meta krabbor och fiska från Gunnars bohuseka. Pappa går till sin barndomskamrat, förvaltaren på ön och frågar om lov för att bygga en liten stuga nära havet.

Det går bra ... vi skriver ett arrendekontrakt för marken ... och du betalar några kronor om året ... kan du göra när du kommer hit på semestern ... kommer du ihåg när vi åkte Stockholms stadion å Lingiaden strax före Hitler började kriga?

Jo, det minns jag … tack för arrendet å nu börjar jag bygga.

Vår eller höst åker vi en gång om året till Skåne, hälsar på mammas drygt sextioårige far Allan och några år yngre mor Klara. Tåg från Lammhult till Hässleholm, buss till Örkelljunga här möter oss Allan med cykel och vi går några dryga kilometer till Lemmeshult. Hans damcykel är den gamla, onödigt att slita på den nya cykeln, står hemma på loftet, endast trettio år sen den köptes.

På trappan står mormor Klara, hälsar oss välkomna.

Sau roled å si lille paugen Jan-Åge … gau in … ja har lajad äggakaga å äpplakaga.

Våren kom tidigt i år med ljumma vindar. Fruktträden blommar, lövträd och gräs är skirt gröna. Rabarbernas dasslockstora blad vajar redan över halvmeterhöga stjälkar.

Allans bror Efraim, Iffe kallad kommer på besök. Han bor kvar i fallfärdiga föräldrahemmet, jordgolv i köket och höns i uthuset. Han flätar små enekorgar och binder björkriskvastar då andan faller på. När det är säsong på torvmossen skär han torv, lägger torven på torkning, kör torv till torvströfabriken där även briketter tillverkas.

Kortleken kommer fram på matbordet, nu ska pappa, Allan och Iffe spela kasin. Insats en krona, högst draget kort ger, fyra kort till varje spelare och fyra kort i potten.

Sautan sau dållitta kort … vis inte korten … vi får ta oss en liden jög … to me en liden flaska.

Ett gammalt mynningsladdat gevär och en kraftig stålkratta ligger under soffan för att skrämma iväg objudna besökare.

Julgranen står fortfarande inne med ljusgröna skott. Granen har fått daglig tillsyn, vattnats och inte ett barr syns på golvet.

Morfar har köpt en fotboll, plastboll och nu vill jag sparka boll med honom. Han kommer motsträvigt ut från köksfarstun i väl använda, slitna träbonnaskor. Jag passar bollen till morfar, han missar och jag slår sen en lös boll mot högerfoten, en snedträff och morfar verkar irriterad.

Nu tyar ja inte … paug …du får lega själver!

Pappa och jag står på färjan med längtande blickar mot Malmön.

Två torskar från tio famnars djup vid mete från ekan, krokarna var agnade med blåmusslor. Nu ska torsken renas och sen stekas i smör på spritköket.

Mormor och jag på trappan.

Morfar lukar trädgårdslandet och jag är mest i vägen.

Morfar Allan, hunden Boy och mormor Klara på trädgårds-soffan, jag sitter framför och blåser "fjärtar" på underarmen.

Laika, Åsa-Nisse, Arne Borg å nylonstrumpor

Höstkvällen är isande kall och stjärnklar. Pappa och jag går ut för att titta på sputniken med hunden Laika ombord. Vi går ner till åkern söder Grevaryds gård, mörkare där.

Ser du pricken där uppe … rör sig sakta … ser du?

Nä …

Nu syns den tydligt … titta däråt …ser du fönstret … å en hund tittar ut … måste vara Laika … titta … titta … ser du??

Nä … nä …

Laika, en sovjetisk hund, blir den 3 november 1957 första försöksdjuret i rymden efter uppskjutning av Sputnik 2 och första levande varelse att sändas upp i omloppsbana runt jorden.

Julen är en stor högtid för oss barn, inte bara tomten kommer till Lammhult utan även film till Folkets Hus, "Åsa-Nisse i kronans kläder." Barntillåten och alla jag känner ser filmen, ofta tillsammans med papporna i biosalongens mjuka, plyschklädda fåtöljer.

Åsa-Nisse, Klabbarparn och de andra gubbarna i Knohult tas in till tre veckors repövning. Under pokerspel med en tidigare dömd brottsling avslöjar Åsa-Nisse och Klabbarparn att Sjökvisten har kassaskåpet med pengar hemma hos sig. Efter repövningen blir naturligtvis Sjökvistens handelsbod intressant för boven.

John Elfström spelar Åsa-Nisse, Artur Rolén Klabbarparn och Little Gerhard sjunger

Hemma i bokhyllan ligger familjens alla böcker och tidningar: Psalmbok, Konfirmationsbibel, Nordisk familjeboks sportlexikon, Svenska fåglar och djur, Rid i natt, Allers, SJ tågtidtabell, kokböcker, fotoalbum m. m.

Sportlexikonen verkar intressanta och jag bläddrar sakta från pärm till pärm i band 1 A – Brännboll. Stannar till på sidan 942, läser sakta om Arne Borg, pappa har berättat att Arne Borg var i Lammhult när simstadion i Bo invigdes på trettiotalet.

Var han i Lammhult? Måste läsa om honom, får jag sitta i soffan?

Visst får du sitta i soffan ... berätta sen om Arne Borg.

"Arne Borg var jämte amerikanen Johnny Weissmuller och australiern Boy Charlton 1920-talets förnärmste fristilssimmare. – Borg föddes i Stockholm 1901 18/8 och är tvillingbror till simmaren Åke Borg; han tillhör; S. K. K. i Stockholm. Hösten 1929 måste han avsäga sig amatörskapet och sedermera verkat som siminstruktör i Norge, Schweiz, Belgien, Estland, Lettland och Sverige. Efter att på egen hand ha lärt sig crawl överraskade han 1919 med att vid sin första tävling, juniormästerskapen i Stockholm på 500 m, vinna på en tid som låg nära svenska rekordet. Han vann samma år i Malmö sitt första SM på 500 m och i Köpenhamn NM på 1 000 m. På denna distans satte han 1921 i Oslo sitt första världsrekord. Under följande år satte han i rask följd världsrekord på alla distanser från 300 yards till en engelsk mil."

Pappa! ... jag vill bli simmare och lika duktig som Arne Borg.

Då måste lära dej crawla ...

På nedre våningen bor nu familjen Berggren, de har TV, pappa säger att TV-apparater är dyra, men när vi sparat ihop pengar eller fått tolv rätt på tipset, då köper vi en. Vi är alltid välkomna att komma ner för trappan, komma in i tv-rummet och titta.

I kväll går vi ner tidigt, vi får inte missa testbild och klockan före nyheterna med Olle Björklund.

Godkväll ... godkväll kära tv-tittare. I kväll ska Kjell Stensson presentera en revolutionerade uppfinning för er tittare, färg-TV. Kjell Stenson berättar långsamt, grov röst och skånska.

Kära tittare ... ni sätter en nylonstrumpa framför TV-rutan, ljuset bryts när det går igenom nylonstrumpan och ni ser då bilden i färg, prova att vrida televisionsapparaten lite om inte bilden kommer till er i färgspektrats alla nyanser. En använd nylonstrumpa tejpas över TV-rutan, apparaten vrids flera gånger, ingen färg ... suckar ...

Ha ... Ha ... april ... april ... ja visst ja ... i dag är det 1:a april.

Bioaffisch Åsa-Nisse i kronans kläder.

Arne Borg, efter segern på 1500 m vid OS i Amsterdam 1928, då han slog australiern Charlton. *Nordisk Familjebok sportlexikon.*

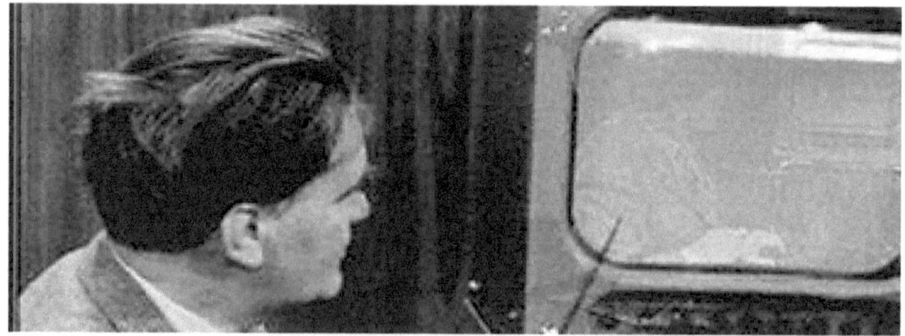

Kjell Stensson, Sveriges Television nyheter, 1:a april 1962

Radio Luxenburg, Ingemar, Floyd å en höger

Klockan ringer kvart i två på natten, fredagen 26:e juni år 1959. Vi gnuggar ögonen, gäspar och stiger sakta ur sängarna. Pappa Åke slår på radion, kontrollerar att Radio Luxenburg är rätt inställd, volymen är låg för att inte väcka de som bor nerepå. Vi flyttar oss nära radion för att höra, frekvensen justeras en aning och volymen skruvas upp lite, mycket lite. Jag gäspar och gnuggar ögonen, mamma lägger sig på soffan. Pappa Åke, med en kopp kallt kvällskaffe i högerhanden går till badrummet och återkommer efter ett par minuter, harklar sig dovt, säger viskande.

Nu pratar vi inte ... matchen börjar snart.

"Radio Luxenburg calling Lars Henrik Ottosson ... ge en signal så fort som möjligt ...det finns bara ett ord vi kan använda i det här sammanhanget ...och det är äntligen ... in i det sista såg det ut som den här tillställningen skulle bli uppskjuten igen ...här är klockan nio på kvällen och två på natten hemma i Sverige ... vi kopplar in Edwin Ahlqvist direkt ... hur är stämningen i omklädningsrummet ... den är fin ... den är fin ... Ingemar håller på och lindar händerna ... han är lugn och samlad ... Ingemar säger att det blir en ny världsmästare i kväll.

Floyd Patterson kommer in först i vit badrock med en vit handduk hängd kring nacken.

Ingemars kalufs sticker upp över polisernas kaskar och han går bort till bortre ringhörnan.

Nu stiger Ingemar först upp i ringen i vit badrock ... han kliver in mellan repen med en handduk hängande om halsen ... han höjer sina lindade händer i en hälsning till publiken.

En vitklädd, smokingklädd herre går fram till högtalarna ... godkväll mina damer och herrar ...och annonserar förre väldsmästaren i tungvikt Rocky Marciano

Där går gonggongen för första ronden ... Floyd kommer ut ganska långsamt och Ingemar kommer ut och petar med en vänster.

Nu går gonggongen för tredje ronden ... där kom Ingemars höger och Floyd i backen ... fem sex sju åtta nio ... där går Floyd ner i däck igen ... boxa säger domaren ... Floyd ner i däck igen ... boxa säger domaren ... Floyd ner i däck igen ... han är uppe igen ... där går Floyd i däck igen ... han är uppe på sju ... fortsätt boxa säger domaren ... nere på golvet igen ... uppe på åtta ... domaren bryter matchen ... vi har fått en svensk världsmästare ... Ingemar Johansson ... en höger vars make man aldrig skådat."

Ingemar vann ... han är världsmästare ... nu måste jag sova ... klockan är snart fyra och jag ska upp klockan sex och arbeta.

Mamma Allis sover redan och jag kryper ner under täcket, vaknar vid åttatiden på morgonen, äter ett par smörgåsar och dricker ett glas mjölk. Skönt med sommarlov och skolan börjar inte förrän slutet av augusti, fjärde klass i baracken vid Grevaryds skola.

På gatan träffar jag några jämnåriga pojkar, berättar om Ingemars match, bara jag hörde matchen på radio. Vi ska träna boxning och vi frågar våra mammor om vi får använda vintervantarna när vi tränar boxning, vi ska bli världsmästare som Ingemar.

Frågar pappa Åke om han kan göra en sandsäck för boxningsträning. Nästa dag kommer han hem med en säck under armen, cylinderformad av möbeltyg, fylld med packade vaddrester och överst hopsnörd. Tygsäcken hängs upp i björken vid stenmuren i lagom höjd för oss pojkar. Nu börjar vi träna boxning, högst tio minuter, sen nästa och så fortsätter vi flera timmar. Pappa lovar att lära oss boxning, han har själv boxats när han var ung.

Lyssna nu pojkar ... boxning är inte slagsmål ... det är sport med regler ... ni får inte slå varandra i ansiktet eller under midjan ... kom ihåg det ... det räknas hur många träffar ni får in ... inte hårda ... boxare är smidiga, snabba och med kondition ... hoppa hopprep det gör många de bästa boxarna.

Hopprep ... kommer jag aldrig att göra ... bara flickor hoppar.

Ett spadtag, kyrkoherden å Smålandssången

Vi skolbarn, från Grevaryds skola går till Herrgårdsområdet. Vi ska titta på första spadtaget för Lammhults nya skola. Alla är glada och strålar av lycka, strålande väder och marssolen värmer. Till mikrofonen går först skolchefen Arfidsson och sen skolstyrelsens ordförande Sandberg. Vi beundrar Sandberg då han lyfter en spaden med jord. Sen sjunger vi under musikdirektör Sture Östmans ledning Smålandssången och sen leverop, tror att det är minst tio ... alla skrattar.

Röd lyser stugan bak hängbjörkens slöja,
känner du hemmet från barndomens år?
Näckrosor gunga på skogssjöars bölja,
talltrasten sjunger i jublande vår.
Småland är namnet på landet, det kära,
släkten där fostras till vilja och tro:
Tro, att de steniga tegar må bära
skördar som skänka åt ålderdom ro.
Sjöarna glittra i sommarens dagar,
glittra och blänka likt stjärnor i fall.
Furorna susa i enliga hagar,
sprida sin vällukt av solsken och tall.
Småland är namnet på landet, det kära,
minnes du hemmet från barndomens år?
Smålands doft av linnéa, den skära.
Talltrastens toner i jublande vår.

När vi genomlidit talen, beundrat spadtaget, sjungit Smålandssången, fått ledigt för dagen, det bästa! Honoratiores, går efter sin hårda arbetsdag till Sjöös matsalar, aväter kanelbullar, småkakor och sköljer ner brödsmulorna med nykokt kaffe

Första spadtaget för Lammhults nya centralskola, 20-årig dröm i uppfyllelse

Skolbarnen från samhället var alla med om högtiden och här sjunger de Smålandssången under ledning av musikdirektör Sture Östman.

"Sällan har igångsättning av ett skolbygge fått en så festlig inramning som när Lammhult på torsdagseftermiddagen kunde ta första spadtaget för nya centralskolan som kommer att kosta 1 900 000 kr.

Det var inte vilket spadtag som helst, barnen vid skolorna i samhället hade mött upp jämte lärarkåren, skolbyggnadskommittén, skolstyrelsens ledamöter, ordföranden i kommunalfullmäktige, kommunalkamreren, provinsialläkaren, församlingens kyrkoherde, arkitekt och entreprenörer m. fl. Det formade sig till en högtidsstund som kommer att gå till skolans historia.

För Lammhults vidkommande var det nog den största och betydelsefullaste stunden hittills och inte att undra på att så många kom, när det i snart 20 år har pratats och uppskjutits att Lammhult skulle få en ny skola." *Smålands Dagblad.*

Folkhemmet, gemensamhet å samkänsla

Per Albin Hanssons tal vid remissdebatten i riksdagens andra kammare den 18 januari 1928, allmänt kallat Folkhemstalet. Talet existerar i flera versioner. Det nedan återgivna är hämtat från Per Albin Hanssons eget tryckta urval och manus, i P. Albin Hansson (1935) Demokrati. Stockholm: Tidens förlag.

"Hemmets grundval är gemensamheten och samkänslan. Det goda hemmet känner icke till några privilegierade eller tillbakasatta, inga kelgrisar och inga styvbarn. Där ser icke den ene ner på den andre. Där försöker ingen skaffa sig fördel på andras bekostnad, den starke trycker icke ner och plundrar den svage. I det goda hemmet råder likhet, omtanke, samarbete, hjälpsamhet. Tillämpat på det stora folk- och medborgarhemmet skulle detta betyda nedbrytandet av alla sociala och ekonomiska skrankor, som nu skilja medborgarna i privilegierade och tillbakasatta, i härskande och beroende, plundrare och plundrade.

Det svenska samhället är ännu icke det goda medborgarhemmet. Här råder visserligen en formell likhet, likheten i politiska rättigheter, men socialt består ännu klassamhället, och ekonomiskt råder fåtalets diktatur. Olikheterna äro stundom skriande; medan några bo i palats betraktar många det som en lycka om de får bo kvar i sina kolonistugor även under den kalla vintern; medan en del leva i överflöd, gå många från dörr till dörr för att få en beta bröd, och den fattige ängslas för morgondagen, där sjukdom, arbetslöshet och annan olycka lurar. Skall det svenska samhället bli det goda medborgarhemmet måste klasskillnaden avlägsnas, den sociala omsorgen utvecklas, en ekonomisk utjämning ske, de arbetande beredas andel även i det ekonomiska förvaltandet, demokratin genomföras och tillämpas även socialt och ekonomiskt."

Björkeryd 100 år senare, maskeradbal å poeten

År 1950 får Orienteringsklubben Norrvirdarna boningshuset på fastigheten Björkeryd av fröken Halda Hansson, hushållerska hos grosshandlare Carl F. Jonasson, kallad "Lingonkungen." Klubben beslutar: "Tacksamt motta denna storartade gåva."

Sedan år 1935 har orientering utövats i Lamhult i orienteringssektionen inom IFK Lamhult, intresset ökade och år 1947 beslutar orienterarna att bilda egen förening med både orientering och skidor på programmet. Orienterarna har avslutningsfest och möte på Hotell Svensson.

§ 1. Ordföranden hälsar de närvarande välkomna, cirka 25 st. Tage Olofsson väljs till att leda förhandlingarna, denne åtar sig uppdraget.

§ 2. Först diskuteras förslag att bilda egen orienteringsklubb. Bertil Wrane redogör för IFK:s styrelses inställning som är enbart positiv. Det blir en lättnad i IFK;s organisation då nuvarande är väl tungrodd. Det är positivt om IFK och orienteringsklubben kan samarbeta t. ex. vid skolbarnens idrottstävlingar. Ekonomiskt sett bör vi klara oss utan stöd genom att arrangera en maskeradfest varje år. Beslutas enhälligt att bilda egen klubb med orientering och skidor på programmet, med anslutning till respektive förbund.

§ 3. Val av styrelse: Ordförande Bertil Wrane, sekreterare Eric Lantz, kassör Bernhard Abrahamsson, vice ordförande: Valter Malwin och Nils G. Andersson, suppleanter Henry Linell och Roland Ek, revisorer Eric Johansson och Tage Olofsson.

§ 4. Årsavgift bestäms till kr 1:50. Ingen inträdesavgift.

§ 5. Omröstning om namnförslag. Bestäms att segrande namnförslag ska ha dubbel majoritet för att godkännas. Till semifinal återstår fyra förslag: OK Hinden, Skogsluffarna, Pan och Norrvirdarna. Till final kvarstår OK Pan och Norrvirdarna. OK Pan segrar med sexton röster mot fem. Förslagets upphovsman är Wrane. Omröstningen är ganska stormig då en minoritet att inget förslag duger, omröstningen bör uppskjutas så fler och bättre förslag kan flyta in. Vidare påstår någon högröstad att agitation förekommer för visst eller vissa namn. Ordföranden förklarar att omröstningen ska ha sin gång som bestämts och de flesta instämmer. Så sker också med förut nämnd utgång.

§ 6. En god supè aväts.

§7. Prisutdelning förrättas av Valter Malwin som inköpt i Nässjö en förnämlig prissamling till största delen bestående av glas och nysilverpokaler. Prislistan i IFK;s Orienteringssektions protokoll.

Vid senare klubbmöte 16 februari 1947 beslutas enhälligt att anta namnet Norrvirdarna i stället för OK Pan, blev ej godkänt av RF.

Vid Bergslunds distriktstävling i gränstrakterna mellan Jönköpings och Kronobergs län norr om Asa vinner Sture Ahlander seniorklassen och Valter Malwin yngre oldboysklassen.

OK Norrvirdarna har egen klubbtidning: "SKOGSRÅET tidning för orienteringssportens gynnare i Lamhult med omnejd." Pris 50 öre. Skogsrået gavs ut även tidigare inom IFK Lamhults orienteringssektion. Nedan några axplock från Skogsrået:

Genom korpögon: Vad tiden rusar iväg. Det är några år sedan denna tidning sist kom ut. Förra gången var vi mitt uppe ett världskrig, men nu har vi fred och åter igen flödar bensinen och fotogenen, så att vi billigt och bra kan komma iväg på tävlingar tack vare våra bilägare. Men vi äro inte så många nu. Orienteringsskaran har krympt samman, men de verkliga entusiasterna äro kvar, de svika inte i brådrasket. Veklingarna äro med en tid, så ledsna de och äro borta. Sömnen på söndagsmorgnarna är för ljuv. Våra flickor har gått samma väg. Numera syns aldrig mer än Iris. Alla de andra äro ett minne blott, men ett vackert sådant.

Skogsrået, denna tidning är speciellt orienterarnas språkrör och skall gagna sammanhållningen. Då den nu utkommer vartannat år i nära 50 ex, är den ett av vårt lands största på sitt område. Den läses av alla samhällsklasser såväl fattig som rik. Tidningen har alltid strävat efter att hålla sig på ett högt plan, då det gäller innehåll. Politiskt sett står inte tidningen utan färg. Efter många prövningar åt höger och vänster har vi nu tagit en medelväg, surrealism. Med surrealisms idéer vill vi försöka bygga upp en ny värld. Då detta parti är relativt nytt, förstår vi, att Ni kanske ställer er skeptiska och frågande. Då skall vi bara tala om, att partiets ledare Hugo Spjut och hans valtal förra veckan i Hökhemmet väckte genklang i hela svenska pressen. Partiets sekreterare Abrahamsson höll ett liknande tal i Fliselt, och blev så omtyckt att han fick cykeln fullastad med bröd, korv och en massa fläsk och tre kilo ull, när han åkte därifrån.

Åt fotbollen skall i detta nummer ägnas en sida och så i framtiden. Förra numret sporde vi vad fotbollsspelarna gör för IFK-namnet, som synes det var nyttigt att då aga. I år har fotbollsspelarna all heder av sig.

För första gången kommer i år Skogsråets guldmedalj att utdelas till den som utfört den bästa orienteringsprestationen under förra året. En särskild utsedd jury har beslutat att utdela denna medalj, som består av en styck 40-öres chokladkaka till Egon Pettersson, Stenbro. Hans meriter äro för väl kända för att här behöva nämnas.

Smålandsposten skriver: Mannen som medtagit chokladkakan förvarade denna i sin rockficka och hade hängt rocken vid värme-elementet, och då han skulle hämta densamma fann han den fullkomligt smält i rockfickan varför Pettersson gick miste om sitt extra pris.

Bernhard tar sig alldeles naken ett bad i sjön vid målet på OK Stigens tävling. Detta blir visst för mycket för fisken i närheten. Inte mindre än åtta kilo flyter upp knall döda. Vilka Lindström från Moheda plockar upp med bara händerna. Denna fisk delas sedan upp till extra priser i poster om ett kilo. För övrigt hade samma Bernhard svårt att skiljas från sista kontrollen, vars service bestod av bara kvinns.

Lillian och Gunnel Ståhl gör nu debut på stortävling. De ses vid starten, lika bleka som fyra styck mjölnardrängar. Tage Olofsson springer så hårt, att han får håll i ryggen och omöjligen kan han böja sig så långt ner att han kan läsa sin placering på tavlan.

OK Norrvirdarna arrangerar sin första större tävling år 1948, en landsdelstävling vid Skärshult och med cirka tre hundra deltagare. De flesta kommer med tåg till Lammhult och med samling vid järnvägsstationen sedan med hyrd buss till Skärshult. Smålandsposten skriver att tävlingen är väl arrangerad och banorna delvis krävande med bra hållpunkter till kontrollerna. Segrare i A-klassen är George Salomonsson Markaryd före Nils Andersson Kalvsvik och trea Ragnar Hult Nässjö.

Nittonde mars, gyllene året 1949 anordnar klubben maskeradbal i Folkets Hus. Priser till bäst maskerade köps in för sammanlagt tio kronor.

Senare detta år deltar Sture Ahlander i SM, OK Norrvirdarnas första SM-start och springer in på en hedrande 98:e plats.

Smålandsposten skriver vid budkavle/stafett-DM i Värnamo: "En ståtlig älg visade sig ett hundratal meter från målet men tyckte tydligen att det är lite oroligt framme på gårdsplanen i Sörsjö och tar därför vägen tillbaka till skogen."

Sydsvenska Sjumannakavlen arrangeras av OK Norrvirdarna i gamla Smålandsriket Njudung med samling vid storslagna Asa Herrgård och kontroller norrut mot Hörnebo, Plantingsboda och Baggansås.

Gunnar Sträng svänger förbi på sin gamla cykel för att prata tävlingchefen till rätta, personalen ska åtminstone få inmundiga en välkokt korv med bröd per man och i lugn och ro. Femton år tidigare var Sträng på Asa Herrgård, hotade då förvaltaren på Herrgården med strejk om inte arbetarna får höjd lön med tio öre i timmen.

Bertil Wrane är lugn och en omdömesgill tävlingsledare, evenemanget genomförs till allas belåtenhet, inte ens en enda kontroll är felplacerad. Nittiosju lag deltar och OK Kullingshof infriar förväntningarna, vinner överlägset med blekingska Skogsvandrarna på andra plats.

Klubben inser att Generalstabskartan inte uppfyller kraven på en fullgod orienteringskarta och Kapten Ene bjuds in för att informera om kartritning. Men kartritningsprojektet går om intet och klubben nöjer sig med pågående revidering av Generalstabskartan, se sid 104

Mitt första egna tydliga minne från Björkeryd är när jag är fem, sex år. Antagligen har jag varit där många, många gånger tidigare men det har fallit i glömska. Minns doften i huset, som i andra oeldade hus. I stora rummet spelar fyra tonåriga, finniga pojkar bordtennis, elden sprakar i öppna spisen.

Jävlar ... bollen brann upp ... vilket snedslag ... jag smashade ... är det någon av er andra som har en pingisboll?

Nä ... nä ... vi får gå hem nu. Jag och min pappa hör besvikelsen över den vita och förintade celluloidbollen. Med lätt bohuslänsk brytning säger pappa.

Vi har några bollar gömda längst upp i köksskåpet ... jag går och hämtar ... ni stannar här och jag tar med ett spisskydd också.

Rummet är två meter längre än pingisbordet och två meter bredare, en meter spelrum runt bordet åt alla håll. Bakom ena kortsidan sitter en väggfast bänk, svårt att backa från bordet men grabbarna har roligt. Jag står i ena hörnet mot farstun, jag kan ännu inte läsa men tittar intresserat på tavlan med handmålade skidåkare, orienterare och en massa bokstäver.

Pappa ... vad står det på tavlan?

Överst står Ordningsregler och sen.

Punkt 1. Var och en skall visa ett städat uppförande både inom stugans område och i dess omgivningar. Stugan är till för att alla skall trivas där.

Punkt 2. Skräpa ej ned. Städa, diska och ställ allt på sin plats. Förvara träningskläder, skor och dyl. på därtill anvisad plats.

Punkt 3. Vill du dricka kaffe finns det kaffe och socker tillgängligt i skåpet, dock mot en avgift av minst 25 öre per person. Avgift kan betalas till stugfogden då han är tillgänglig eller direkt i kassan. Namn och antal kaffe skall antecknas på listan.

Punkt 4. Skidor får endast införas och förvaras i förstugan till köket och å vinden, dock ej i lilla vindsrummet. Vallning mot öppen eld får icke utföras på vinden.

Punkt 5. Se till att fönstren äro stängda, att ingen eldfara föreligger och att dörrarna äro låsta, om du sist lämnar stugan.

Punkt 6. Lämna inte stugan utan att ved finns inne till nästa som kommer.

Punkt 7. Var och en är skyldig efterfölja stugfogdens anvisningar. All skada skall ersättas.

Den som ej följer föreskrifterna kommer att portförbjudas.

Jag, knappt sju år och sitter med näsan nära köksfönstret på andra våningen i lägenheten på Grevarydsgatan. På åkern går strax starten för klubbmatchen i skidorientering mellan OK Norrvirdarna och IFK Stockaryd, tre man i varje lag. Hemmalagets mannar känner jag igen, min pappa Åke, Lennart Hasselqvist och Sivert Karlsson. Alla med toppluva, stickade vantar, flanellskjorta, golfbyxor och nervöst kontrollerande att pjäxorna är i symbios med sina tjärvallade träskidor. Åkarna från Stockaryd är okända för mej och för min mamma också. Starter är Karl-Gösta som bor längre ner på gatan och allt övervakas av frisör Eric Lantz. Hemmaåkarna vinner överlägset, kanske har de bättre kännedom om nya stigar som inte är inritade på kartan, ritades under slutet av 1800-talet. Stolt kommer Åke, svettdrypande hem till lägenheten.

Hur gick det … vilka vann.

Vi vann överlägset … dom andra sa, med leende på läpparna att vi har hemmaterräng… två känner jag sen tidigare Bror Sjökvist och Tage Magnusson … Bror jobbar vid järnvägen och ibland rycker han in på stationen här … Tage har möbelaffär … han köper möbler här av fabrikerna … jag har sett honom på Effkå-Möbler … så bägge har nog lika bra lokalkännedom som vi härifrån … trevliga killar och kul att retas lite när vi vinner.

OK Norrvirdarna arrangerar danser och årliga maskeradbaler i Lammhults Folkets Hus. Alltid fullsatt och alla maskerade, runt fyra hundra besökare är inte ovanligt. Pris delas ut till bäst utklädda dam och herre.

Danserna lockar mycket folk, särskilt då Ingmar Nordströms orkester spelar. Ingmar har senare berättat om hur trevligt det var att spela i Lammhult. Vi bjöds alltid in till föreståndaren, på andra sidan vägen och bjöds på kaffe och smörgås före dansen och även efter när vi packat ihop våra instrument.

Pappa Åke och jag är ofta ute vid Björkeryd, vardagskvällar och helger. Gräset klipps eller slås med lie runt huset, golven inne sopas när det behövs. Ved bärs in till öppna spisen och kaminen i lilla rummet.

Vatten hämtas i gamla grävda brunnen nere vid bäcken, brunnslocket är gammalt, förbjudet att gå på. I backen ovanför brunnen ligger jordkällaren, farlig att gå in i och jag får bara titta in. Ett gammalt uthus är ombyggt till bastu. Ett liggande oljefat är kamin, rökröret sitter fastsvetsat på ovansidan och likaså ungsluckan på sidan av tunnan. Bastun används ofta höst, vinter och vår efter träningsorientering eller löpträning. I bastun diskuteras väder, banläggning, formen och andra stora frågor. Efter bastun väntar en kall och vederkvickande dusch. En plåtspann med spikhål i botten fylls och hängs upp i taket. När marken är täckt med ett tjockt lager nysnö då rullar de hårda grabbarna sig i snön.

Jag minns inte att någon nämnde, kanske de inte visste att Björkeryd varit litet, fattigt torp på 1800-talet. Alla trodde nog att Björkeryd varit boningshus på en bondgård.

"Tvåkilometern," en träningsrunda passerar ett stenröse och kallas Pyttet. Ingen reflekterar över namnet eller att Pyttet var torpet, Lilla Björkeryd på 1800-talet.

En tennisbana "anläggs," grästorvor grävs bort, smärre stenar baxas upp men att planen lutar lite grann är inget problem. Tennisfebern i Björkeryd blir kortvarig.

Alla orienteringstävlingar i Sverige ställs in våren 1962, beroende på gulsot som drabbat flera orienterare. Två av OK Norrvirdarnas orienterare insjuknar och vårdas på Växjö lasarett.

Pappa Åke sitter mörka höstkvällar under lampans sken vid köksbordet med pannan i djupa veck, blyertspenna och suddgummi till långt in på natten och låtsas vara poet. Mamma Allis och jag är förpassade till sovrummet. Han läser dikten högt för sig själv flera gånger och gör små ändringar med radergummi och blyertspenna, Åke går till oss i sovrummet.

Nu är texten klar till årsfesten, jag läser och vad tycker ni?

> Kompassen och kartan får vila på hyllan
> tills våren kommer med värme till myllan.
> Då samlas vi åter till skogsluffarfejd,
> i doftande, grönskande vårfager nejd.
>
> I kväll har vi samlats till glädje och fest,
> där ingen är jumbo och ingen är bäst.
> I kväll ska vi skämta å skoja å skratta
> å äta å dricka till långt fram på natta.
>
> Till sist jag säger ett enkelt förlåt,
> jag hoppas att ingen har fallit i gråt,
> jag är ju bara en stackars poet,
> som inte vill göra en kotte förtret.

Jag fattar ingenting, mamma Allis ler och applåderar lätt för att inte väcka hyresgästerna på bottenvåningen.

Du är duktig å skriva, var får du alltifrån? Blir roligt att höra på årsfesten. Nu får vi lägga oss å sova, du ska upp tidigt i morgon å arbeta.

Utöver orientering är social gemenskap, trivsel och skratt en viktig del av OKN:s föreningsidé. Årsfester på 1950-talet, oftast på Anegården blir en summering av orienteringssäsongen med mycken god mat, utdelning av priser i poängtävlingen och underhållning av klubbens medlemmar. Tävlingsklädda orienterare framför körsång efter bästa förmåga.

Årsfest på Anegården. Från vänster: Lennart Hasselqvist, Karl-Gösta Gustavsson, Egon Lindstig och pappa, poeten Åke.

OKN:s vinnande lag efter en serietävling med varierande kläder: Midjejacka, regnrock, mörk kostym, militäruniform I11, vit skjorta och slips, realmössa, vit skjorta med mörk slips och ljus överrock. Pappa Åke med kartfodral i handen sitter på huk i mitten.

Efterord, allt pekar uppåt, å framtidstro

Tack till: Kung Oscar I, Ståndsriksdagen, Greve Adolf Eugéne von Rosen å Överste Nils Ericson för att Ni beslutade, planerade och byggde Södra stambanan via Lam(m)hult för etthundrasextio år sedan.

Tack till: Alla Ni drivna, företagsamma personer som startade företag, affärer och skapade arbetstillfällen i Lam(m)hult.

Tack till: Er som närde tanken, idén och förverkligade "Folkhemsidén."

Tack till: Mamma Allis och Pappa Åke för att ni flyttade till Lam(m)hult, här fanns arbete och lägenhet.

Tack till: Företagen som byggde "funkishus" på Grevarydsgatan.

Tack till: Alla vuxna och barn på Grevarydsgatan för enbart goda och fina minnen från barndomen.

Under 1950-talet får ekonomin och välfärden ett uppsving i Sverige. Industrin blommar med omfattande export. Det råder stark framtidstro, allt pekar uppåt. Folk i städer och industriorter får högre löner och börjar handla mer. Nya trender kommer från USA, ungdomskultur med musik och kläder, skild från de vuxnas.

Radion spelar schlagers; Nordsjön – Harry Brandelius, Tulpaner Från Amsterdam – Allis Babs, Piccolissima Serenata – Lars Lönndal, Flickorna I Småland – The Delta Rhythm Boys, Läppstift På Din Krage – Carina Ahrle, Min Älskling Du Är Som En Ros – Evert Taube och Thore Ehrlings orkester spelar dansmusik.

Privatbilismen ökar och vägar förbättras.

Kvinnors klänningar är åtsittande med vid kjol och spetsiga skor.

Jag bor hemma på Grevarydsgatan till nittonårsåldern då militärtjänst och arbete väntar.

Min barndom på Grevarydsgatan kan sammanfattas med några ord; Tryggt, roligt, lugnt, vänligt, kamratligt, jämlikt, inga skällsord, inget skitprat eller skvaller om andra och inget klagande.

Ångrar att jag inte frågade mamma och pappa mer om deras barndom, de berättade inte så mycket själva. Jag träffade aldrig min farfar och farmor. Farfar Anders Johan avled trettiotre år innan jag föddes och farmor Davida sexton år innan jag såg dagens ljus.

Hur hade Lammhult tett sig idag om Södra stambanan inte byggts via Lammhult? … Jag tror att Lammhult idag liknat Asa, en herrgård med restaurang, hotell, konferenser och tiotalet lant- och skogsgårdar. Jag själv hade nog växt upp i Örkelljunga i nordvästra Skåne. Vad som hänt sen … står skrivet i stjärnorna.

Du läsare … tänk tanken …hur hade ditt liv varit idag om inte Södra stambanan byggts via Lammhult?

Apropå namnet ”Greva”rydsgatan, där arbetarfamiljer levde ett gott liv utan att reflektera över gatunamnet. Titeln Greve infördes i Sverige år 1561, högsta adliga värdighet, följt av friherre och därefter riddare. Grevé är också en ost, registrerad som varumärke år 1964.

Leker med tanken att skriva en framtidsberättelse om Lammhult, research är inte möjlig av förklarliga skäl, men fantasin kan flöda fritt, utopi eller dystopi?

Lammhultssången å arbetets dygd
Av Folke Söderlind

I Lammhult finns bygden vi alla har kär,
det susar av minnen i markerna här.
Av ängar och kullar naturen är rik
och lövklädda stränder har insjö och vik.

Här idoga händer bröt stenbunden mark,
ty viljan att klara sig själv varit stark.
När samhället växte i nyare tid
fabriker, affärer tagit vid.

När ärliga mödan för dagen är slut
står fritidens glädje i Lammhult på lut.
För idrott, motion finns här allt man vill ha
och omväxling gör att man trivs och mår bra.

Och när bland fabriker, affärer man går
man tänker: Den ljusnande framtid är vår,
ty välskötta åkrar och rikt näringsliv
ger löfte om framtid som är positiv.

Men glöm aldrig fädernas gärning som gjort
att Lammhult har utvecklats och blivit stort,
och glöm aldrig att det är arbetets dygd
som grundar det välstånd vi önskar vår bygd.

Källförteckning

- Asa-konflikten 1934 - 35 – *Freddy Jansson Växjö Universitet.*
- Dagmörkret över Sydsverige – *Kurt Lundmark.*
- De första stambanorna - *Lars Berggrund och Sven Bårström.*
- En bokfilm, under 100 år – *Lammhults Hembygdsförening.*
- Femtio år med karta och kompass – *OK Norrvirdarna.*
- Från Lamhult till Lammhult - *Växjö kommun.*
- Generalstabens karta – *Lantmäteriet Historiska kartor.*
- Google, Wikipedia m. m. – *Internet.*
- Kyrkoarkiv - *Riksarkivet.*
- Lammhults Allehanda - *Lammhults Samhällsförening.*
- Minnen från 1950-talets jular – *Börje Svensson.*
- Nordisk familjeboks Sportlexikon – *AB A.Sohlman & co.*
- Några minnen från 1950-talets Grevaryd – *Börje Svensson.*
- Populär Historia – *Bonniers Publications.*
- Smålandsmässan i Lamhult 1951 – *Mässans bestyrelse.*
- Spår från förr, tre delar - *Aneboda – Lammhults Hembygds- förening i samarbete med Lammhults fotoklubb.*
- Svenska Tidningar – 1907 - *Kungliga Biblioteket.*

Generalstabens karta år1873

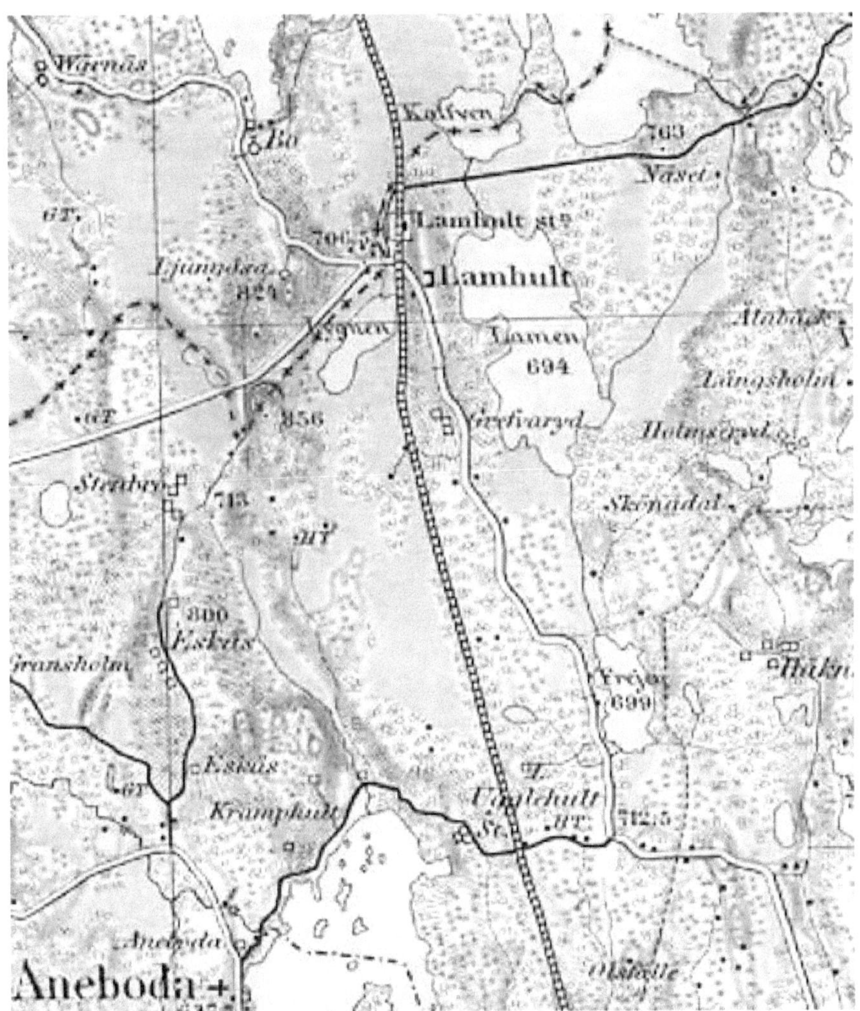

Topografiska kåren 1873. Uppmätt 1865, 1866 och 1867.
Allmänna vägar översedda 1931.

Generalstabens karta 1952

Topografiska kåren 1873. Uppmätt 1865, 1866 och 1867.
Reviderad 1952.